KB091192

스크래치
3.0용

부모오

그림으로도 보는
스크래치 코딩
Scratch Programming

마츠시타 코타로(Kotaro Matsushita), 야마모토 코우(Ko Yamamoto) 지음
한선관 감역 | 김성훈 역

BM (주)도서출판 성안당

OYAKO DE KANTAN Scratch PROGRAMMING NO ZUKAN Scratch 3.0 TAIOBAN
by Kotaro Matsushita, Ko Yamamoto
Copyright ⓒ 2019 Kotaro Matsushita, Ko Yamamoto
All rights reserved.
Original Japanese edition published by Gijutsu-Hyoron Co., Ltd., Tokyo

This Korean language edition published by arrangement with Gijutsu-Hyoron Co., Ltd., Tokyo in care of Tuttle-Mori Agency, Inc., Tokyo through D&P Co., Ltd., Gyeonggi-do.

Korean language edition published by Sung An Dang, Co., Ltd., Copyright ⓒ 2022

머리말

스크래치(Scratch)는 초등학생부터 성인까지 폭넓은 연령층에서 즐길 수 있는 비주얼 프로그래밍 언어입니다. 프로그래밍 경험이 없는 사람이라도 블록을 나열하기만 하면 손쉽게 프로그래밍을 즐길 수 있습니다. 요즘은 초등학교에서 코딩 교육이 필수가 되어, 더욱 주목을 끌고 있습니다. 앞으로도 스크래치의 이용 범위는 점점 넓어질 것으로 예상됩니다.

스크래치는 무료로 사용할 수 있는 오픈 소프트웨어입니다. 인터넷에 연결되어 있는 사람은 웹 브라우저로 스크래치 공식 사이트(https://scratch.mit.edu/)에 접속하기만 하면 곧바로 사용할 수 있습니다. 인터넷에 연결되지 않은 사람에게는 컴퓨터에 설치하여 오프라인으로 사용할 수 있는 스크래치 앱이 있습니다.

이 책은 프로그래밍 경험이 전혀 없는 사람이든 어느 정도 경험이 있는 사람이든 모두 재미있고 간단하게 스크래치를 학습할 수 있도록 구성했습니다. 이 책에는 다음과 같은 특징이 있습니다.

• 가정이나 학교 등 다양한 환경에서 재미있게 학습할 수 있습니다.
• 기초부터 본격적인 프로그래밍에 이르는 넓은 범위를 무리없이 학습할 수 있습니다.
• 단계별로 차례대로 따라가기만 하면 프로그램이 만들어집니다.
• 초등학교 수업 교재로도 활용할 수 있습니다.

1장부터 3장까지는 프로그램 및 프로그래밍의 개념 그리고 스크래치의 기본을 설명합니다. 주로 스크래치의 기본 조작 방법을 쉽고 재미있게 배울 수 있습니다.

4장부터 6장까지는 스크래치를 이용해 게임을 만드는 방법을 설명합니다. 게임을 만들어 보면서, 스크래치를 실용적으로 활용하는 방법을 배울 수 있습니다.

7장에서는 초등학교의 각 교과에서 활용할 수 있는 교재 작성 방법을 설명합니다. 초등학교뿐만 아니라 교재 작성 과정 전반에 관해 배울 수 있습니다.

8장에서는 스크래치에서 데이터 구조와 데이터를 어떻게 다루는지 설명합니다. 기본적인 알고리즘을 학습하고, 동시에 스크래치를 응용하여 학술적으로 활용하는 방법도 배울 수 있습니다.

권말 부록에서는 스크래치 앱(오프라인 에디터)을 다운로드한 후 설치하는 방법을 소개합니다. 또한, 스크래치에 가입하여 작품을 공개하는 방법을 설명합니다.

이 책에서 설명하는 프로그래밍 순서와 화면은 스크래치 3.0을 기준으로 설명하지만, 이전 버전인 스크래치 1.4와 2.0에서도 대체로 동일하게 조작할 수 있습니다.

끝으로 이 책의 편집과 제작에 애써주신 기술평론사 와타나베 씨와 편집부 및 관계자 여러분께 깊은 감사의 뜻을 전합니다.

2019년 7월
저자 마츠시타 코타로, 야마모토 코우

목차

이 책을 보는 방법 / 사용 방법

이 책은 스크래치 프로그래밍을 기초부터 학습할 수 있는 비주얼 도감입니다. 전체가 8장으로 구성되며, 각 장마다 레벨이 설정되어 있습니다. 스크래치 블록을 알아보기 쉽도록 완전 컬러로 편집했고, 친절한 설명으로 스크래치 사용법과 프로그래밍을 단계적으로 익힐 수 있도록 배려했습니다.

또한, 7장은 교재로도 사용할 수 있도록 교과별로 구성했습니다. 각 장의 레벨이나 학년의 대응 관계는 표를 봐주세요.

테마
각각의 페이지에서 학습할 주제의 타이틀입니다. 각 타이틀에는 '할 수 있다'와 '알 수 있다'를 꼭 제시해서, 스크래치나 프로그래밍에서 학습하는 분야를 한 눈에 파악할 수 있습니다.

설명
제시된 테마를 학습하는 데 필요한 스크래치 조작 방법과 블록의 의미, 기초적인 프로그래밍 지식을 간결하고 이해하기 쉽게 설명합니다.

---

98 5 미니 게임을 만들자

3 우연성을 즐겨보자

| 할 수 있다 | ● 난수를 이용한 처리 |
| 알 수 있다 | ● 난수, 펜 |

◉ 게임에서 난수를 이용하는 방법을 알아봅시다

모든 프로그래밍 언어에는 어떤 범위의 수 중에서 **임의의 수**를 결정하는 방법이 준비되어 있습니다. 이 '임의'로 나오는 수치를 가리켜 '**난수**'라고 부릅니다. **랜덤**한 수라고도 합니다. 예를 들어, 주사위는 1에서 6 사이의 숫자를 무작위로 선택할 수 있습니다.

프로그램에서 난수는 수치의 범위를 지정할 수 있는 주사위로 생각해도 좋습니다.

난수는 게임에서 아주 중요합니다. 캐릭터가 랜덤하게 등장할 때나 주사위를 이용하는 게임에서도 사용됩니다. 게임에서 난수를 이용함으로써 재미를 연출하는 것입니다.

◉ 난수와 관련된 블록

난수와 관련된 블록은 '연산' 카테고리 안에 있습니다. 기본적으로 정수를 취급하지만, 지정하는 수치에 소수점이 포함되어 있으면, 소수점이 들어간 난수 값을 반환합니다.

'동작' 카테고리에도 난수처럼 이용할 수 있는 블록이 있습니다. [무작위 위치로 이동하기] 블록입니다. 이 블록은 스프라이트의 위치가 랜덤하게 정해집니다.

난수를 사용한 게임을 두 개 만들어 봅시다.

🔺 **'신비한 그림 게임'의 규칙과 흐름**
1) 고양이가 임의로 움직입니다.
2) 고양이의 움직임에 맞춰 선을 그립니다.
3) 그 선의 색은 난수로 결정합니다.
4) 한참을 하다보면 신비한 그림이 완성됩니다.

🔺 **'풍선 추적 게임'의 규칙과 흐름**
1) 풍선이 랜덤한 위치에 나타납니다.
2) 막대는 마우스로 조종합니다.
3) 막대가 풍선에 닿으면 풍선의 색이 변합니다.

■ 이 책의 지원 페이지에 접속하는 방법

㈜성안당 홈페이지에 이 책의 지원 페이지가 준비되어 있습니다. 지원 페이지에서는 정오표 이외에, 이 책에서 소개한 스크립트와 그림 등 소재의 일부를 다운로드할 수 있습니다. 학습용으로 활용하세요.

❶ 브라우저 주소 창에 www.cyber.co.kr을 입력해서 접속한 뒤 [도서몰]에서 회원가입 후 로그인 상태에서 [자료실]-[자료실] 바로가기로 이동합니다.
❷ '도서 검색'에 '스크래치'라고 입력합니다.
❸ 해당 도서명이 표시되면 클릭합니다.
❹ [자료 다운로드 바로가기]를 클릭합니다.

프로그램 작성 순서

스크래치를 이용해 실제로 프로그램을 만듭니다. 화면을 보면서 순서대로 진행하면, 프로그램을 완성할 수 있습니다. 여기서는 스크래치를 다루는 방법과 프로그래밍 지식, 컴퓨터의 원리 등 다양한 내용을 학습합니다.

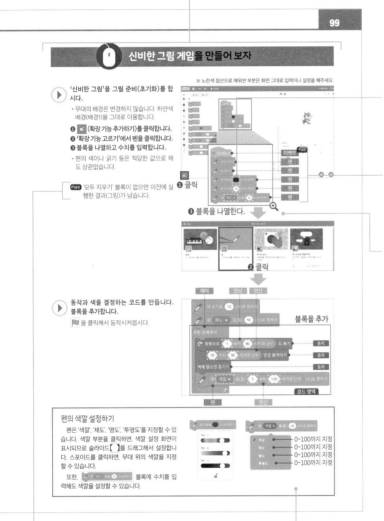

99

신비한 그림 게임을 만들어 보자

※ 노란색 점선으로 에워싼 부분은 화면 그대로 입력이나 설정을 해주세요.

▶ '신비한 그림'을 그릴 준비(초기화)를 합시다.
- 무대의 배경은 변경하지 않습니다. 하얀색 배경(배경1)을 그대로 이용합니다.
❶ (확장 기능 추가하기)를 클릭합니다.
❷ '확장 기능 고르기'에서 펜을 클릭합니다.
❸ 블록을 나열하고 수치를 입력합니다.
- 펜의 색이나 굵기 등은 적당한 값으로 해도 상관없습니다.

Point '모두 지우기' 블록이 없으면 이전에 실행한 결과(그림)가 남습니다.

❶ 클릭

❸ 블록을 나열한다.

❷ 클릭

▶ 동작과 색을 결정하는 코드를 만듭니다.
블록을 추가합니다.
🏁 을 클릭해서 동작시켜봅시다.

블록을 추가

코드 영역

펜의 색깔 설정하기
펜은 '색깔', '채도', '명도', '투명도'를 지정할 수 있습니다. 색깔 부분을 클릭하면, 색깔 설정 화면이 표시되므로 슬라이드【　】를 드래그해서 설정합니다. 스포이드를 클릭하면, 무대 위의 색깔을 지정할 수 있습니다.
또한, 　　　　　 블록에 수치를 입력해도 색깔을 설정할 수 있습니다.

색깔 —— 0~100까지 지정
채도 —— 0~100까지 지정
명도 —— 0~100까지 지정
투명도 —— 0~100까지 지정

노란색 점선 상자

블록을 나열한 다음, 입력이나 설정을 하는 곳입니다.

동작　형태　이벤트

블록이 블록 팔레트의 어디에 있는지 한눈에 알 수 있습니다.

🔍 돋보기 마크

스크래치 화면 일부를 확대해서 표시합니다.

Point Point

블록 만드는 요령이나 프로그램 처리의 중요한 부분 등 다양한 포인트를 알 수 있습니다.

칼럼

본문 설명에서 다루진 않았지만, 보충 내용이나 도움이 되는 지식을 칼럼 형식으로 소개합니다.

■ 각 장과 내용 수준 대응표

이 책에서는 단계적으로 독자적인 체계를 세워 8장으로 구성했습니다. 아무런 지식 없이 시작해서 본격적인 프로그래밍에 이르는 폭넓은 지식을 학습할 수 있습니다. 각 장의 내용 수준과 대응하는 학년은 다음과 같습니다.

각 장의 내용 수준	1장 Lev.1	2장 Lev.2	3장 Lev.3	4장 Lev.4	5장 Lev.5	6장 Lev.6	7장 Lev.7	8장 Lev.8
초등학교 1학년생	◎	◎	◎	○	◎	!!	!!	!!
초등학교 2학년생	◎	◎	◎	○	◎	!!	!!	!!
초등학교 3학년생	○	◎	◎	○	◎	!!	!!	!!
초등학교 4학년생	○	◎	◎	○	◎	!!	!!	!!
초등학교 5학년생	○	○	◎	◎	○	○	!!	!!
초등학교 6학년생	○	○	◎	◎	◎	○	!!	!!
중학생	○	○	◎	◎	◎	◎	◎	!!
고등학생	○	○	○	◎	◎	◎	◎	!!
대학생, 전문대생	○	○	○	○	◎	◎	◎	◎
성인, 선생님	○	○	◎	◎	◎	◎	◎	◎

Lev.1: 미경험자　Lev.4: 상급자
Lev.2: 초보자　Lev.5: 전문가
Lev.3: 중급자

◎: 권장해요
○: 읽어보면 좋아요
!!: 도전해보세요

■ 7장을 교재로 사용할 때의 대응표

7장을 교재로 사용할 때의 스크립트와 학습 내용 대응표입니다.

	7-1(국어)	7-2(산수)	7-3(과학)	7-4(사회)	7-5(미술)	7-6(언어)
초등 1학년	간단한 이야기 만들어 보기	더하기, 빼기 그림과 도형으로 수 표현하기	–	지역 사랑 공공 의식	–	음악 만들기 '반짝반짝 작은 별'
초등 2학년	간단한 이야기 만들어 보기	곱하기	–	정보와 교류	–	음악 만들기 '반짝반짝 작은 별'
초등 3학년	시나 이야기 만들어 보기	–	–	지리적 환경과 사람들의 생활	색의 느낌을 바탕으로 스스로 상상하기	음악의 구조를 알고, 표현하기
초등 4학년	시나 이야기 만들어 보기	–	달 그림자와 위치의 변화	지리적 환경과 사람들의 생활	색의 느낌을 바탕으로 스스로 상상하기	음악의 구조를 알고, 표현하기
초등 5학년	–	–	–	–	세계 미술 작품과 친해지기	–
초등 6학년	–	–	달과 태양	–	세계 미술 작품과 친해지기	–

1 장

프로그래밍이란

이 장에서는 프로그램과 프로그래밍의 의미, 스크래치의 개요를 학습합니다. 프로그램과 프로그래밍에 관해서는 주변 사물에 비유하여 이해해 봅시다. 스크래치의 화면 구성과 기능, 간단한 조작 방법, 작성한 프로그램을 저장하고 불러오는 방법을 학습하고 기본적인 사항을 이해합니다.

1 프로그램이 뭐지?
프로그래밍은 또 뭘까?

프로그램이나 프로그래밍 모두 평소에 자주 들을 수 있는 말이지요. 도대체 무슨 뜻일까요? 프로그램과 프로그래밍이라니 서로 비슷한 말처럼 보이지만, 각각 의미는 다릅니다. 그 차이를 생각하면서 읽어보세요.

● 프로그램이란?

프로그램이란 컴퓨터 세계에서는 **전자기기를 동작시키기 위한 명령**(전자적인 절차서)을 말합니다. 프로그램은 컴퓨터나 스마트폰뿐만 아니라 세탁기나 청소기 등의 가전제품, 나아가서는 KTX처럼 커다란 탈것도 움직일 수 있습니다. 이처럼 프로그램은 우리 주변에 많이 존재합니다.

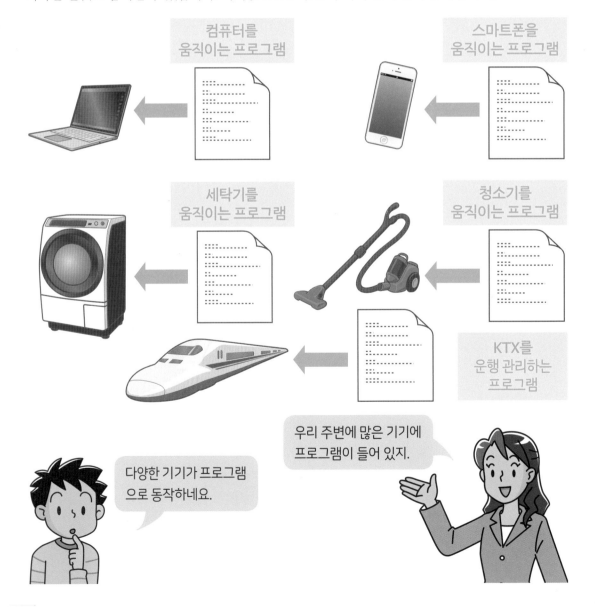

컴퓨터를 움직이는 프로그램

스마트폰을 움직이는 프로그램

세탁기를 움직이는 프로그램

청소기를 움직이는 프로그램

KTX를 운행 관리하는 프로그램

우리 주변에 많은 기기에 프로그램이 들어 있지.

다양한 기기가 프로그램으로 동작하네요.

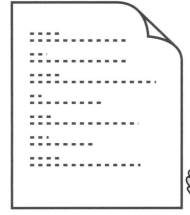

프로그램

프로그램에는 여러 가지 명령이 적혀 있군요.

긴 프로그램이 있는가 하면, 짧은 프로그램도 있어. 은행의 ATM을 동작시키는 프로그램 같은 건 아주 긴 프로그램이지. 많은 사람들이 함께 만들어야 해.

● 프로그래밍이란?

프로그래밍이란 프로그램을 만드는 **작업**을 말합니다. 프로그래밍은 컴퓨터로 합니다.

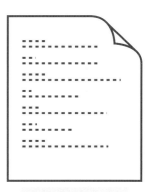

프로그램

키보드와 마우스로 프로그래밍해야지!

프로그래밍해서 프로그램을 작성

2   프로그램은 무엇으로 만들까?

프로그램과 프로그래밍의 의미와 차이점은 1-1(10페이지)에서 학습했습니다. 그럼, 프로그램은 무엇으로 만드는 것일까요? 프로그램이 무엇으로 만들어지는지 알아 봅시다.

● 다양한 프로그래밍 언어

프로그램은 **프로그래밍 언어**로 만들어집니다. 많은 프로그래밍 언어가 있으므로, 목적에 맞는 프로그래밍 언어를 골라서 사용합니다. 또는, 자신이 익숙한 프로그래밍 언어를 사용하기도 합니다.

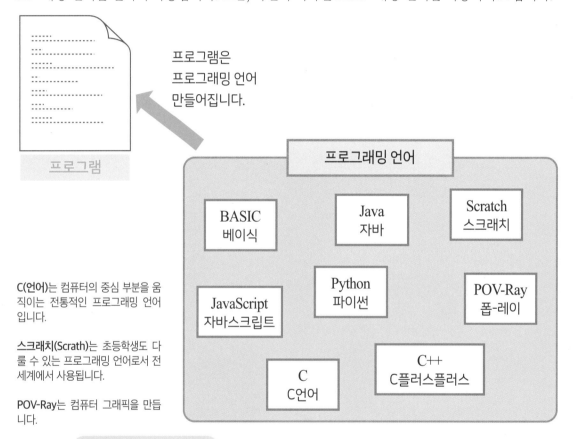

프로그램은
프로그래밍 언어
만들어집니다.

프로그램

프로그래밍 언어

BASIC 베이식	Java 자바	Scratch 스크래치
JavaScript 자바스크립트	Python 파이썬	POV-Ray 폽-레이
C C언어	C++ C플러스플러스	

C(언어)는 컴퓨터의 중심 부분을 움직이는 전통적인 프로그래밍 언어입니다.

스크래치(Scrath)는 초등학생도 다룰 수 있는 프로그래밍 언어로서 전 세계에서 사용됩니다.

POV-Ray는 컴퓨터 그래픽을 만듭니다.

많은 프로그래밍 언어가 있네요.

이건 아주 일부야. 전문적이고 어려운 프로그래밍 언어도 있고, 초등학생도 할 수 있는 쉬운 프로그래밍 언어도 있어.

● 프로그램 개발 화면

프로그램은 프로그램에 적합한 소프트웨어(에디터 등)를 이용해서 만듭니다. 프로그램을 만드는 화면을 **개발 화면**(또는 개발 환경)이라고 합니다.

C 언어의 개발 화면

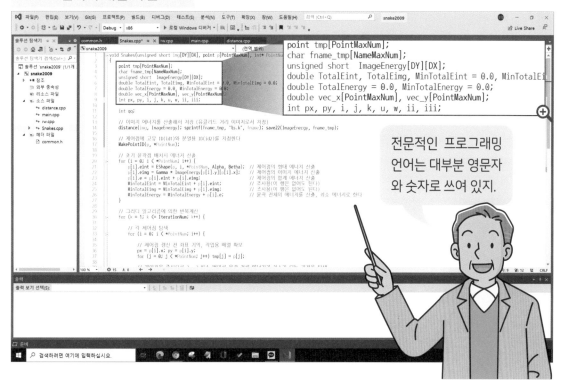

전문적인 프로그래밍 언어는 대부분 영문자와 숫자로 쓰여 있지.

스크래치의 개발 화면

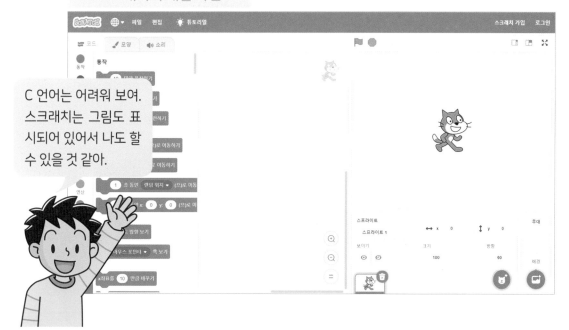

C 언어는 어려워 보여. 스크래치는 그림도 표시되어 있어서 나도 할 수 있을 것 같아.

3 프로그램은 어떻게 사용할까?

완성된 프로그램은 어떻게 사용할까요? 프로그램의 사용 방식을 살펴봅시다.

● 프로그램 사용 형태

완성된 프로그램은 다양한 형태로 사용됩니다. 주로 컴퓨터에서 사용하는 경우, 전자기기에 내장해서 사용하는 경우, 시스템으로서 사용하는 경우가 있습니다.

● 컴퓨터에서 사용하는 경우

컴퓨터에서 사용하는 경우로는 계산 프로그램, 컴퓨터 그래픽스, 컴퓨터 게임 등을 예로 들 수 있습니다. 또한, 초등학생도 할 수 있는 스크래치도 컴퓨터에서 사용합니다. 학교나 가정에서 사용하는 경우는 대부분 이런 형태입니다.

컴퓨터 게임은 많은 사람이 해 봤을 거예요. 컴퓨터 게임도 프로그램으로 움직이는군요.

프로그램을 소프트웨어, 프로그램을 넣어서 움직이는 전자기기를 하드웨어라고 해.

● 전자기기에 내장해서 사용하는 경우

전용 장치를 사용해서 프로그램을 IC(집적회로) 칩에 기록하고, IC 칩을 전자기기에 넣어서 사용합니다. 세탁기, 청소기, 전자레인지 등 많은 가전제품에서 사용되는 형태입니다.

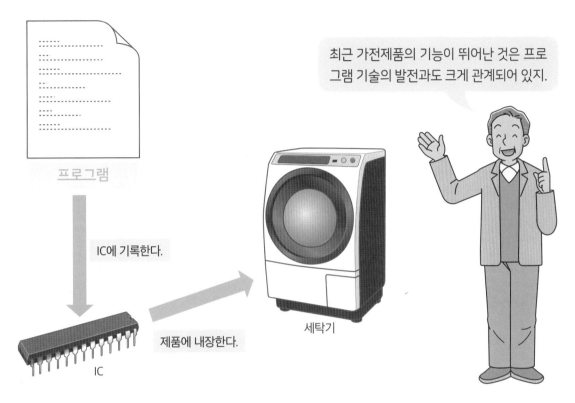

프로그램

IC에 기록한다.

제품에 내장한다.

세탁기

IC

> 최근 가전제품의 기능이 뛰어난 것은 프로그램 기술의 발전과도 크게 관계되어 있지.

● 시스템으로 사용하는 경우

여러 개의 프로그램을 구성해 시스템으로 사용하는 경우가 있습니다. 여러 개의 프로그램으로 구성되어 있으므로, 프로그램 전체로는 대규모가 되는 경우도 있습니다. KTX 운행 관리 시스템, 은행의 ATM 등을 예로 들 수 있습니다.

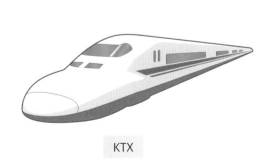

KTX

KTX 지령실

> 대규모 프로그램의 경우, 프로그램을 동작시키는 데도 많은 사람이 필요하군요.

4   스크래치를 알아 보자

프로그래밍 경험이 없는 사람도 어린이도 할 수 있는 프로그래밍 언어가 스크래치(Scratch)입니다. 우선 스크래치에 관해서 알아 봅시다.

● 스크래치는 프로그래밍 언어의 하나

　스크래치는 미국에서 개발된 **프로그래밍 언어**로, 오늘날 전세계에서 사용되고 있습니다. 일반적으로 프로그램 작성은 처음에는 어렵습니다. 하지만, 스크래치는 명령이 적힌 **블록**을 나열하기만 하면 되므로, 프로그래밍 경험이 없는 사람이나 어린이라도 손쉽게 사용할 수 있습니다.

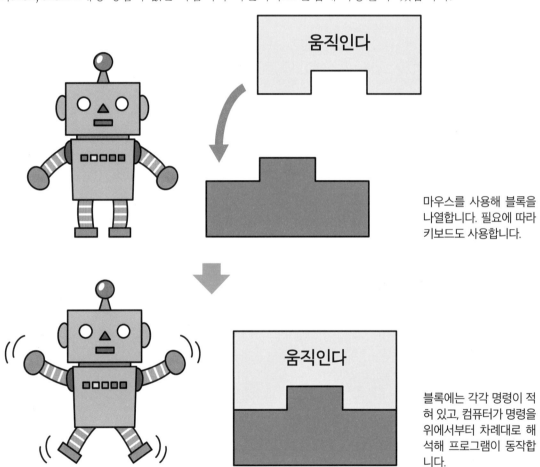

움직인다

마우스를 사용해 블록을 나열합니다. 필요에 따라 키보드도 사용합니다.

움직인다

블록에는 각각 명령이 적혀 있고, 컴퓨터가 명령을 위에서부터 차례대로 해석해 프로그램이 동작합니다.

블록을 나열해 가는 것만으로 프로그램이 만들어지다니 굉장해요.

블록은 몇 번이든 순서를 바꿔 배열할 수 있어.

● 스크래치로 할 수 있는 프로그램은?

스크래치는 컴퓨터나 태블릿 등으로 여러 가지 프로그램을 만들 수 있습니다. 모두 함께 즐길 수 있는 게임, 음악, 선생님이나 자신이 사용하고 학습할 수 있는 전자 교재 등을 만들 수 있습니다. 이 밖에도 컴퓨터를 사용하는 것이라면, 연구하기에 따라 다양한 프로그램을 만들 수 있습니다.

스크래치는 다양한 프로그램을 만들 수 있어요.

스크래치도 다른 프로그래밍 언어와 마찬가지로 공부하면 할수록 여러 가지 프로그램을 만들 수 있게 되지.

5 스크래치 화면 구성을 알아 보자

스크래치를 사용하기 전에 우선 스크래치 화면에 관해 알아둡시다.

● 스크래치 화면 ①

스크래치 화면은 무대, 스프라이트 목록, 블록 팔레트, 코드 영역 등으로 구성되어 있습니다. 각 부분은 각각의 역할이 있습니다.

각 부분의 역할을 확실히 기억해 두는 게 중요해.

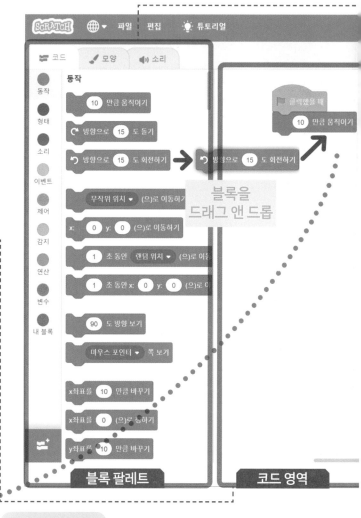

블록을 드래그 앤 드롭

블록 팔레트

코드 영역

코드 영역

코드는 대본을 말합니다. 스프라이트(캐릭터)를 대본에 따라 동작시킬 수 있습니다.

코드를 작성하고 싶은 스프라이트를 스프라이트 목록에서 선택합니다. 그리고 블록 팔레트에서 필요한 블록을 코드 영역에 끌어다 놓아 (드래그 앤 드롭하여) 코드를 완성시켜 갑니다. 스크래치에선 코드 영역에 블록을 나열해서 프로그램을 만듭니다.

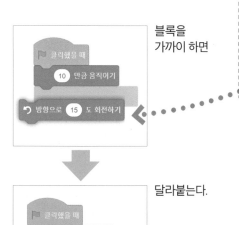

블록을 가까이 하면

달라붙는다.

스프라이트마다 코드를 만들 수 있어요.

블록 팔레트

블록 팔레트에는 다양한 종류의 **블록**(프로그램의 명령어)이 있습니다. 블록 팔레트에서 블록을 선택해, 코드 영역에 나열하면서 코드(프로그램)를 작성해 갑니다. 코드는 스프라이트(캐릭터)별로 작성합니다.

블록 팔레트에서는 블록이 '동작', '형태' 등으로 분류되어 있습니다. 또한, 기능을 확장한 확장 기능 블록도 마련되어 있습니다. 이들을 전환하면서 다양한 종류의 블록을 선택해 갈 수 있습니다.

또한, 블록 팔레트 맨 위에는 '코드', '모양', '소리' 등의 **탭**이 있어, 스프라이트(캐릭터)별로 코드나 모양, 소리를 만들 수 있습니다.

무대

스프라이트(캐릭터)가 동작하는 무대입니다. 여러 가지 스프라이트를 표시하거나 움직일 수 있습니다. 무대는 개발한 프로그램을 실행하는 화면입니다. 또한, 무대에는 배경을 설치할 수 있습니다.

스프라이트 목록

스프라이트는 무대에서 동작하는 캐릭터를 말합니다. 스프라이트는 고양이 이외에도 많이 준비되어 있습니다. 직접 만들 수도 있습니다.

스프라이트 목록에는 무대에서 동작하는 스프라이트 목록이 표시됩니다. 여러 개의 스프라이트가 있는 경우에는 클릭해서 스프리이트를 선택하면, 코드 영역의 내용이 전환됩니다.

여러 개의 스프라이트가 있을때는 클릭해서 전환하는 거야.

스프라이트마다 코드 영역이 바뀐다.

스프라이트를 클릭하면

● 스크래치 화면 ②

스크래치 화면에는 앞 페이지에서 설명한 무대, 스프라이트 목록, 블록 팔레트, 코드 영역 이외에도 자주 사용하는 부분이 있습니다. 확실히 익혀 둡시다.

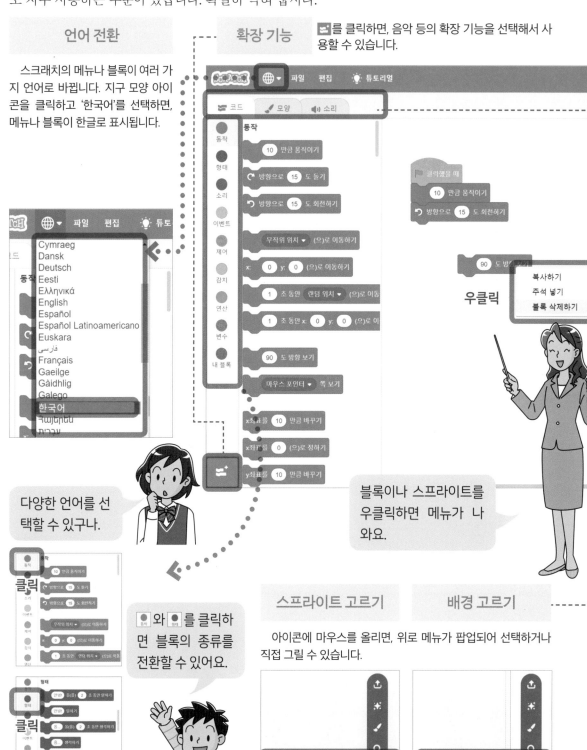

언어 전환

스크래치의 메뉴나 블록이 여러 가지 언어로 바뀝니다. 지구 모양 아이콘을 클릭하고 '한국어'를 선택하면, 메뉴나 블록이 한글로 표시됩니다.

확장 기능

를 클릭하면, 음악 등의 확장 기능을 선택해서 사용할 수 있습니다.

다양한 언어를 선택할 수 있구나.

와 를 클릭하면 블록의 종류를 전환할 수 있어요.

우클릭

블록이나 스프라이트를 우클릭하면 메뉴가 나와요.

스프라이트 고르기

배경 고르기

아이콘에 마우스를 올리면, 위로 메뉴가 팝업되어 선택하거나 직접 그릴 수 있습니다.

'코드' 탭

'코드' 탭을 클릭하면, 아래에 코드 영역이 표시됩니다. 스프라이트 목록에서 선택한 캐릭터에 따라 내용이 전환됩니다. 아래에 있는 블록 카테고리의 '동작', '형태' 등을 클릭하면 오른쪽에 사용할 수 있는 블록의 목록이 바뀝니다.

'모양' 탭

'모양' 탭을 클릭하면, 그림 편집기가 표시됩니다. 여기서는 스프라이트를 만들거나 그림을 편집할 수 있습니다.

배경 탭으로의 전환

'무대'를 클릭하면, '모양' 탭이 '배경' 탭으로 바뀝니다. '모양' 탭을 다시 표시하고 싶을 때는 '스프라이트'를 클릭합니다.

'소리' 탭

'소리' 탭을 클릭하면, 소리 편집기가 표시됩니다. 스프라이트(캐릭터)에 소리를 넣을 수 있습니다.

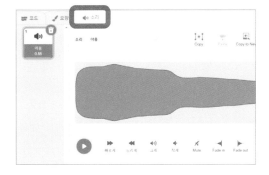

'배경' 탭

'배경' 탭을 클릭하면 그림 편집기가 표시됩니다. 여기서는 무대의 배경을 만들거나 편집할 수 있습니다.

6 　 스크래치를 사용해 보자

스크래치로 원하는 프로그램을 만들기 전에, 우선 스크래치 조작법을 따라하며 프로그래밍을 체험해 봅시다. 이 책의 전체 블록은 한국어로 되어 있습니다. 이 책의 20페이지의 언어 변환을 참조하세요.

● 스크래치에 접속하기

　웹브라우저로 스크래치 공식 사이트 주소(**https://scratch.mit.edu/**)에 접속합니다. 스크래치 공식 사이트가 표시되면, [만들기]를 클릭합니다. [만들기]를 클릭하면, 스크래치 화면이 표시됩니다.

우선 스크래치 공식 사이트(https://scratch.mit.edu/)에 접속해요.

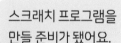

스크래치 프로그램을 만들 준비가 됐어요.

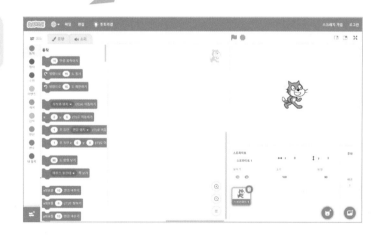

웹브라우저(Web browser)

　웹브라우저는 인터넷 홈페이지 등을 보는 소프트웨어(앱)입니다. 웹브라우저에는 다양한 종류가 있어서, 일부는 스크래치를 지원하지 않는 것도 있습니다. 스크래치를 지원하는 브라우저로는 크롬(Google Chrome), 엣지(Microsoft Edge), 파이어폭스(Fire Fox), 사파리(Safari) 등입니다.

오프라인으로 사용하려면 'Scratch 앱'

　스크래치에는 **온라인 버전**과 **오프라인 버전** 두 종류가 있습니다. 온라인 버전은 웹브라우저로 공식 사이트에 접속하면 바로 시작할 수 있지만, 인터넷에 연결되어 있어야만 합니다. 반면에, 오프라인 버전은 **Scratch 앱**을 다운로드해서 컴퓨터에 설치하므로, 인터넷에 연결되지 않아도 사용할 수 있습니다. 자세한 것은 부록(178페이지)을 참조하세요.

프로그램 작성

스크래치로 간단히 프로그램을 작성해 봅시다.

블록 팔레트에 있는 🕐 방향으로 15 도 돌기 를 코드 영역 위에 **드래그**해서 나열해 보세요.

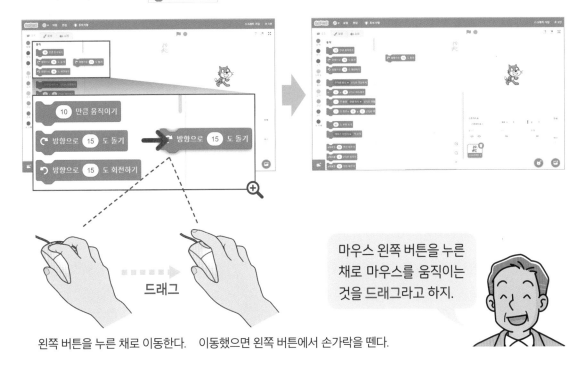

드래그

마우스 왼쪽 버튼을 누른 채로 마우스를 움직이는 것을 드래그라고 하지.

왼쪽 버튼을 누른 채로 이동한다.   이동했으면 왼쪽 버튼에서 손가락을 뗀다.

프로그램 실행

방금 만든 프로그램 움직여봅시다.

코드 영역에 있는 🕐 방향으로 15 도 돌기 를 마우스로 클릭하세요. 고양이의 방향이 바뀝니다.

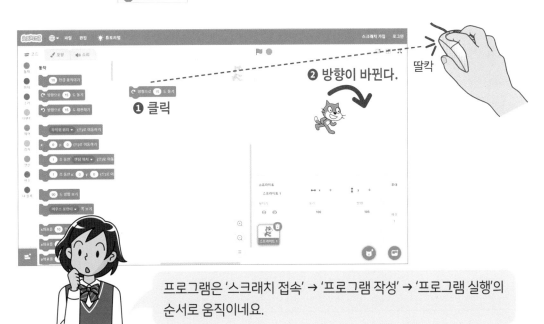

❶ 클릭

❷ 방향이 바뀐다.

딸깍

프로그램은 '스크래치 접속' → '프로그램 작성' → '프로그램 실행'의 순서로 움직이네요.

7　만든 프로그램을 저장하자

만든 프로그램을 저장해 두면, 언제라도 사용할 수 있고 프로그램을 수정할 수도 있습니다. 프로그램을 저장하는 방법을 배워봅시다.

● 프로그램 저장하기

일반적으로 프로그램은 소프트웨어(여기서는 스크래치)를 종료하거나, 컴퓨터 전원을 끄면 사라집니다. 프로그램을 저장해 두면, 소프트웨어를 종료하거나 컴퓨터 전원을 꺼도 사라지지 않습니다.

● 프로그램 저장 방법

프로그램은 저장 장치의 **폴더**에 저장합니다. 폴더는 컴퓨터 안에 있는 문서나 프로그램을 보존하기 위한 기억 영역입니다.

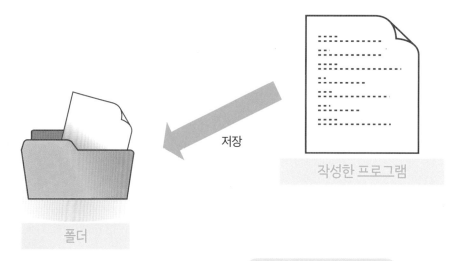

저장

작성한 프로그램

폴더

저장해 두면 정전 등으로 컴퓨터 전원이 꺼져도 안심이예요.

개인이 만든 문서나 프로그램을 저장해 두는 것을 백업이라고 해.

윈도우의 폴더

윈도우(Windows)에는 '문서'나 '다운로드', '사진'과 같은 폴더가 준비되어 있습니다.

윈도우 10의 경우, 기본 상태로는 바탕 화면에 이런 폴더가 표시되지 않습니다. 키보드의 윈도우 키(⊞)를 누른 채로 Ｅ키를 누르면 탐색기가 실행되며, 즐겨찾기로서 '문서'나 '다운로드' 이외에 자주 사용하는 폴더가 표시됩니다.

● 프로그램 저장 순서

스크래치로 작성한 프로그램을 저장합시다.

[파일]을 클릭해서 표시된 풀다운 메뉴에서 [컴퓨터에 저장하기]를 선택합시다.

작성한 프로그램은 파일로 컴퓨터 등에 저장하는구나.

파일이 저장된 것을 확인하고 ✕ 를 클릭합니다. 보통은 '다운로드' 폴더에 저장됩니다.

❸ 파일이 저장된 것을 확인   ❹ ✕ 를 클릭

파일 이름은 한글, 영문자(알파벳, 숫자) 어느 쪽이든 상관없어요.

웹브라우저와 파일 저장 폴더

사용하는 웹브라우저에 따라 저장 화면이 약간 다릅니다. 대부분은 '다운로드' 폴더에 '스크래치 프로젝트.sb3'라는 이름으로 저장됩니다. 폴더나 파일 이름은 저장 후에 바꿀 수도 있습니다. 덧붙여, 엣지(Microsoft Edge) 등에서는 저장할 때 파일 이름을 지정할 수 있습니다.

저장할 때는 확장자에 주의!

저장할 때는 마침표 '.'와 **확장자** 'sb3'를 붙여서 저장합시다(◉ sample.sb3). 확장자에 관해서는 1-8(26페이지)도 참조하세요.

확장자를 붙이지 않고 저장했을 때는 컴퓨터 사용환경에 따라, 자동으로 확장자 'sb3'가 파일명 뒤에 붙어서 저장되는 경우와 확장자가 붙지 않고 저장되는 경우가 있습니다. 만약, 저장한 파일이 실행되지 않을 때는 직접 마침표와 확장자를 붙이면 해결됩니다.

8　저장한 프로그램을 열어 보자

저장한 프로그램은 다시 사용할 수 있습니다. 프로그램을 불러오는 방법을 배워봅시다.

● 저장한 프로그램 불러오기

　저장한 프로그램은 다시 스크래치로 불러와 실행할 수 있습니다. 프로그램을 불러오는 방법은 저장했을 때와 반대로 [파일]에서 불러와서 사용합니다.

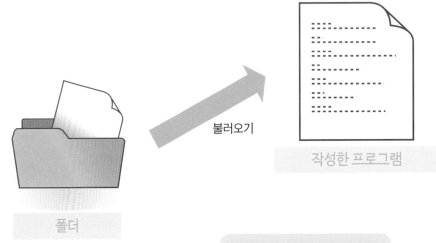

불러오기

작성한 프로그램

폴더

읽어들인 프로그램은 그대로 사용할 수도 있고, 수정할 수도 있지.

저장할 때와는 반대로 조작하네요.

프로그램과 파일
　컴퓨터에서 다루는 데이터를 **파일**이라고 합니다. 스크래치 프로그램도 파일의 한 종류입니다.

파일명과 확장자
　윈도에 저장된 파일에는 **확장자**로 불리는 파일 종류를 구별하는 문자가 파일명 뒤에 붙습니다. 스크래치3.0에서는 'sb3'라는 문자를 사용합니다. 그리고 확장자 앞에는 마침표 '.'가 붙습니다.
　⑩ sample.sb3
　확장자는 컴퓨터 설정에 따라 표시되는 경우와 표시되지 않는 경우가 있습니다.

● 저장한 프로그램을 여는 순서

스크래치로 저장한 프로그램을 다시 열어 봅시다.

우선, 스크래치(**https://scratch.mit.edu/**)에 접속해서 [만들기]를 클릭합니다. 다음으로 [파일]을 클릭해서 표시된 풀다운 메뉴에서 [Load from your computer]를 선택합시다.

❸ [파일]을 클릭

❹ [Load from your computer]를 클릭

스크래치를 시작하고 나서, 마우스로 조작하는구나.

'다운로드' 폴더가 표시되면, 불러오고 싶은 파일을 선택하고 [열기]를 클릭합시다. 파일을 다 읽어오면, 스크래치 화면에 프로그램이 표시됩니다.

❶ 불러오고 싶은 파일을 선택

❷ [열기]를 클릭

⌐-- 불러올 파일이 표시되지 않을 때는 왼쪽에 있는 '다운로드' 폴더를 클릭하면 표시됩니다.

불러온 프로그램은 곧바로 실행할 수도 있고, 불러온 상태에서 수정할 수도 있어요.

프로그래밍 언어의 변천사 ~여명기부터 현재까지~

프로그래밍 언어는 기계어에서 시작해서, 지금은 다양한 언어가 이용되고 있습니다. 프로그래밍 언어의 역사를 살펴보겠습니다.

기계어

최초의 프로그래밍 언어는 기계어라고 불렀고, 0과 1 혹은 16진수로 나타냈습니다. 보기만 해서는 내용을 이해할 수 없고 대부분 전문가만 다룰 수 있었습니다.

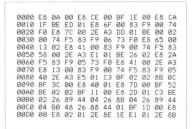

어셈블리 언어

기계어에 이어서 어셈블리 언어가 개발되었습니다. 어셈블리 프로그램은 간단한 명령과 숫자 등으로 구성되었습니다. 명령 코드 등도 영어 표기로 되어 있고, 기계어보다는 프로그램의 내용을 이해하기 쉬워졌습니다.

```
INIT:   PUSH    SS
        POP     ES
        PUSH    CS
        POP     DS

INI1:   MOV     SI,OFFSET LINE_MES
        CALL    INIT1
        CMP     CX,0
        JE      INI1
        CMP     CX,6
        JNC     INI1
        CALL    ASC_DEC
        MOV     LINE,AX
```

컴파일 언어

어셈블리 언어에 이어서 컴파일 언어가 개발되었습니다. 다양한 명령이 준비되어 있어, 프로그램을 만들기가 쉬워졌습니다. 또한, 명령 코드 등도 영어 표기로 되어 있어, 작성된 프로그램 코드를 읽기 쉬워졌습니다.

```
#include "stdio.h"

void main(void){

    int i,j;
    int k[9][9];

    for(i=0; i<9; i++){
        for(j=0; j<9; j++){
            k[i][j]=(i+1)*(j+1);
        }
    }

    for(i=0; i<9; i++){
        for(j=0; j<9; j++){
            printf("%3d", k[i][j]);
            if(j==8)printf("\n");
        }
    }
}
```

C

다양한 언어

현재는 용도에 따라 다양한 언어가 이용됩니다. 객체지향 언어, CG용 언어, 비주얼 언어 등 다양한 언어가 이용되고 있고, 우수한 개발 환경도 제공됩니다.

Java
(객체지향 언어)

POV-Ray
(CG용 언어)

스크래치
(비주얼 언어)

2장

프로그래밍의 기본을 마스터하자

이 장에서는 스크래치의 기본 조작을 학습합니다. 스크래치에서 사용할 캐릭터 속성이나 명령어 블록의 기본 조작뿐만 아니라 다양한 명령어의 조합에 대해서도 학습합니다. 이를 통해, 프로그래밍의 사고방식과 절차에 관한 기초적인 이해를 높여줍니다.

1 캐릭터를 움직여 보자

할 수 있다	● 프로그램으로 캐릭터를 움직인다.
알 수 있다	● 마우스 조작

● 캐릭터를 움직이는 프로그램을 만들자

마우스를 사용해 캐릭터를 움직이는 프로그램을 작성해 봅시다.

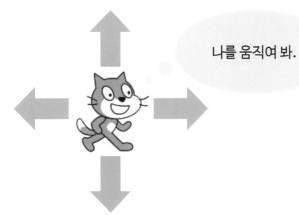

나를 움직여 봐.

우선은 가장 간단한 프로그래밍에 도전해 봅시다.

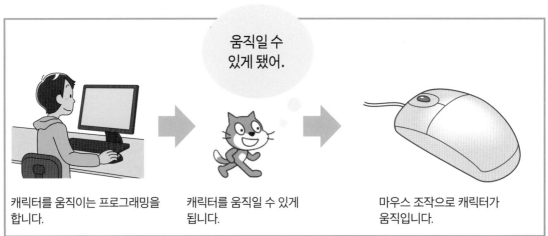

움직일 수 있게 됐어.

캐릭터를 움직이는 프로그래밍을 합니다.

캐릭터를 움직일 수 있게 됩니다.

마우스 조작으로 캐릭터가 움직입니다.

학습을 진행하면 점점 본격적인 프로그램을 만들 수 있게 됩니다.

간단한 프로그램

처리를 조합한 프로그램

복잡한 프로그램
(예) 게임, 실험)

스크래치로 따라해 보세요

▶ 10 만큼 움직이기 를 코드 영역 위에 놓습니다.

동작

10 만큼 움직이기 ➡ 10 만큼 움직이기

🖱 드래그해서 옮기기

❶ 10 만큼 움직이기 를 클릭합니다.

❷ 고양이가 10만큼 움직입니다.

10 만큼 움직이기
❶🖱 클릭

❷ 10만큼 움직인다.

다만, 10으로는 이동 거리가 너무 짧아, 고양이를 잘 보지 않으면 움직이는지 알기 어렵습니다. 고양이의 움직임이 잘 보이기 않으면 숫자를 100처럼 크게 입력해 보세요.

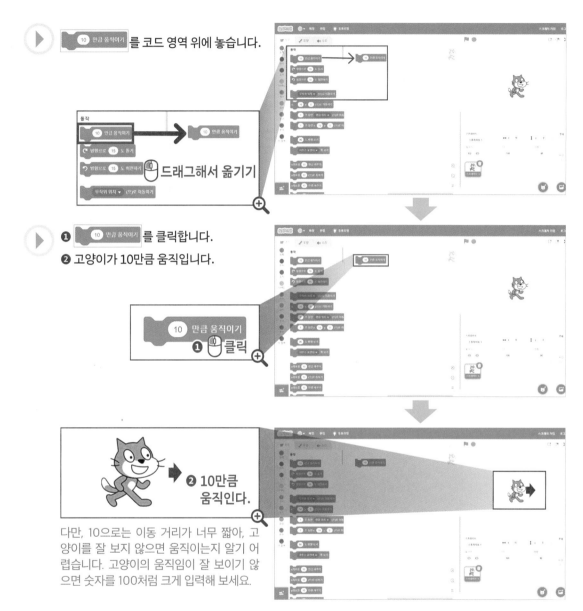

현대의 프로그램과 프로그래밍

프로그램이라고 하면 어려운 계산 등에 이용되는 것 같지만, 현대에는 컴퓨터 그래픽으로 만들어진 캐릭터에 움직임을 부여할 때도 프로그램이 이용됩니다. 게임 캐릭터도 프로그래밍에 의해 동작합니다. 프로그래밍 자체도 기존처럼 프로그램 코드를 쓰기만 하는 형식이 아니라, 스크래치처럼 마우스 조작으로 명령어 블록을 나열하는 편리한 방식이 등장하고 있습니다.

2 움직이는 양을 바꿔 보자

할 수 있다 ● 프로그램으로 캐릭터가 움직이는 양을 바꾼다.
알 수 있다 ● 마우스 조작, 키보드 입력 조작

● 숫자를 입력해서 캐릭터가 움직이는 양을 바꿔봅시다

키보드를 사용해 숫자를 입력함으로써 캐릭터의 이동량을 바꿀 수 있습니다.

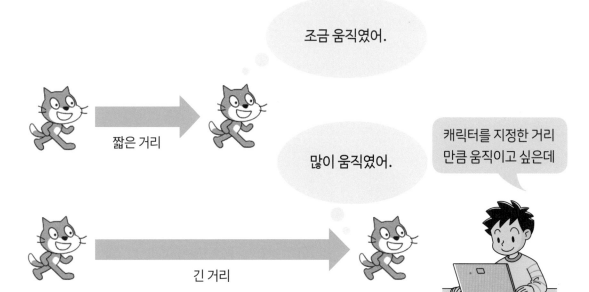

조금 움직였어.

짧은 거리

많이 움직였어.

캐릭터를 지정한 거리
만큼 움직이고 싶은데

긴 거리

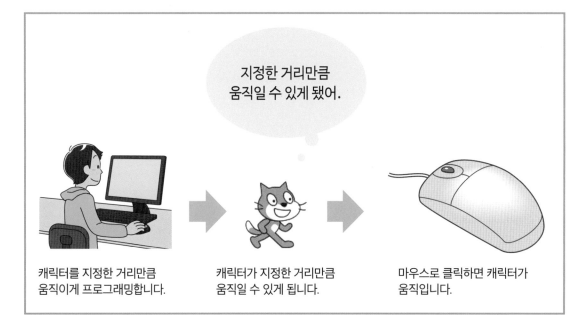

지정한 거리만큼
움직일 수 있게 됐어.

캐릭터를 지정한 거리만큼
움직이게 프로그래밍합니다.

캐릭터가 지정한 거리만큼
움직일 수 있게 됩니다.

마우스로 클릭하면 캐릭터가
움직입니다.

스크래치로 따라해 보세요

▶ 10 만큼 움직이기 를 코드 영역 위에 놓습니다.

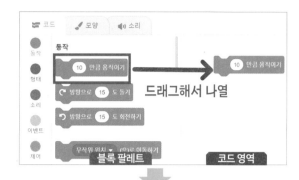

▶ 10 만큼 움직이기 블록의 숫자 10을 클릭하고,
50을 입력합니다.

- 숫자를 지울 때는 ← Backspace 키를 누릅니다.
- 마이너스 값(예를 들어, -50)을 입력하면
  반대 방향으로 움직입니다.

▶ ❶ 50 만큼 움직이기 를 클릭합니다.

❷ 고양이가 50만큼 움직입니다.

10만큼 움직일 때(31페이지)와 비교하면, 고
양이가 많이 움직인다는 것을 알 수 있습니다.

50 만큼 움직이기 블록을 클릭할 때마다, 캐릭터가 움직입니다.

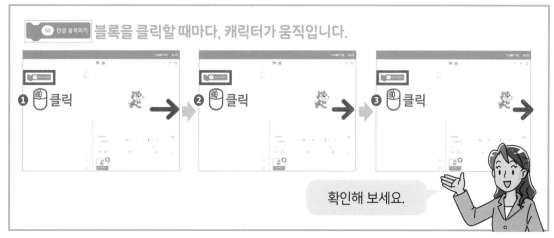

확인해 보세요.

3 캐릭터의 방향을 바꿔 보자

할 수 있다 ● 프로그램으로 캐릭터의 방향을 바꾼다.
알 수 있다 ● 마우스 조작, 키보드 입력 조작

● 캐릭터의 방향을 바꾸는 프로그램을 만들자

캐릭터의 방향을 바꾸는 프로그램을 만듭니다. 2-2(32페이지)와 마찬가지로 키보드로 숫자를 입력해 캐릭터가 얼마만큼 회전할지 지정할 수 있습니다.

여러 방향으로 방향이 바뀌네.

상하좌우뿐만 아니라 여러 방향으로 바꿀 수 있구나.

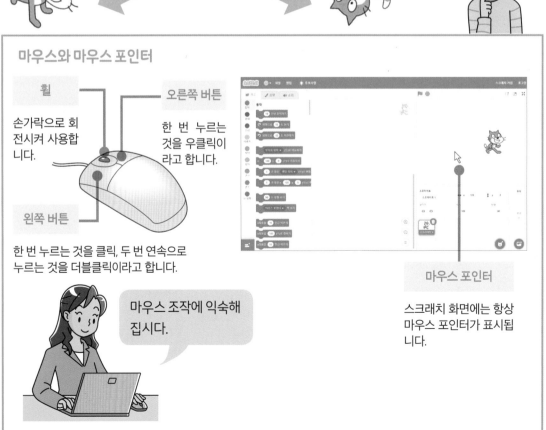

마우스와 마우스 포인터

휠

손가락으로 회전시켜 사용합니다.

오른쪽 버튼

한 번 누르는 것을 우클릭이라고 합니다.

왼쪽 버튼

한 번 누르는 것을 클릭, 두 번 연속으로 누르는 것을 더블클릭이라고 합니다.

마우스 조작에 익숙해집시다.

마우스 포인터

스크래치 화면에는 항상 마우스 포인터가 표시됩니다.

스크래치로 따라해 보세요

▶ 를 코드 영역 위에 놓습니다.

▶ 방향으로 15 도 돌기 블록의 숫자를 클릭하고, 90을 입력합니다.

- 숫자를 지울 때는 [Backspace]키를 누릅니다.
- 마이너스 값(예를 들어, -90)을 입력하면 반대 방향으로 회전합니다.

▶ ❶ 방향으로 90 도 돌기 블록을 클릭합니다.
❷ 고양이가 90도 회전합니다.

필요 없는 블록 삭제하기

코드 영역에 나열한 블록을 삭제할 때는 다음과 같은 두 가지 방법이 있습니다.

첫 번째는 지우고 싶은 블록 위에서 우클릭하면 표시되는 메뉴에서 '블록 삭제하기'를 선택하는 방법입니다. 두 번째는 지우고 싶은 블록을 드래그해서 다시 블록 팔레트에 드롭하는 방법입니다.

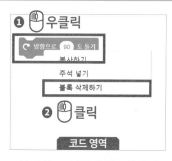

삭제하고 싶은 블록 위에서 우클릭한 후 '블록 삭제하기'를 선택합니다.

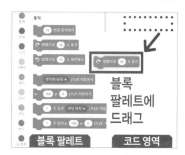

삭제하고 싶은 블록을 블록 팔레트로 드래그 앤 드롭합니다.

4   여러 가지 동작을 조합해 보자

할 수 있다 ● 여러 가지 동작을 조합해 캐릭터에 복잡한 동작을 시킨다.
알 수 있다 ● 명령어 처리의 조합, 순차 처리(순차 실행)

● 블록을 조합해서 캐릭터를 복잡하게 움직여 보자

블록을 조합하여 캐릭터를 복잡하게 움직이는 프로그램을 작성해봅시다. 캐릭터를 오른쪽으로 100만큼 이동한 다음, 시계방향으로 90도 돌리고, 다시 100만큼 진행합니다. 이 세 가지 동작을 하나로 묶은 프로그램을 생각해 봅시다.

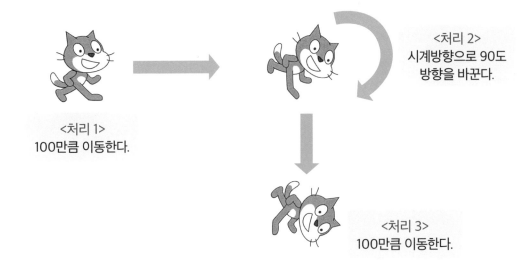

아무리 복잡한 움직임이라도 원래는 단순한 동작의 조합으로 이루어집니다. 스크래치에서는 한 블록에 한 가지 동작(처리)이 주어지므로, 여러 개의 블록을 사용하여 복잡한 움직임을 표현합니다.

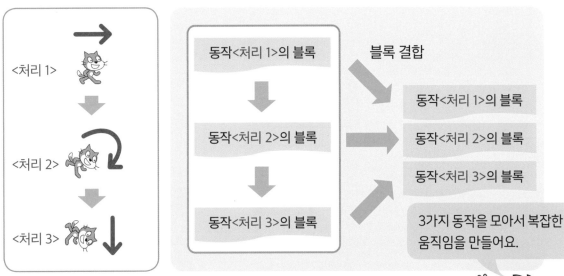

스크래치로 따라해 보세요

▶ 블록을 코드 영역에 나열합
니다.

▶ 블록의 숫자를 100으로 변
경합니다.
- 숫자를 바꿀 때는 2-2(33페이지)를 참조
  하세요.

▶ ❶ 방향으로 15 도 돌기 블록을 코드 영역 위에 놓
습니다.
❷ 100 만큼 움직이기 블록과 방향으로 15 도 돌기 블
록을 마우스로 움직여 결합합니다.

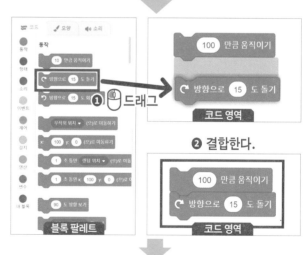

▶ 방향으로 15 도 돌기 블록의 숫자를 90으로 변
경합니다.

 블록을 코드 영역 위에 놓습니다.

 블록의 숫자를 100으로 변경합니다.

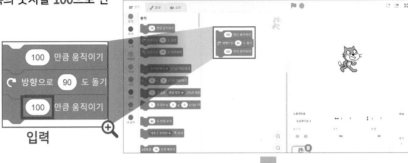

❶  를 클릭합니다.

어느 블록을 클릭해도 같습니다.

❷ 고양이가 이동합니다.

고양이가 오른쪽으로 100만큼 움직이고, 90도 회전하고, 다시 아래로 100만큼 움직입니다.

여러 가지 움직임은 프로그램적으로는 하나씩 해석되며, 처리가 진행됩니다. 스크래치에서는 결과만 표시됩니다.

프로그램적인 해석

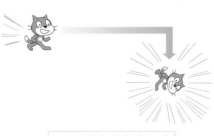

스크래치에서의 표시

무대 위의 캐릭터를 드래그하면, 무대의 어디라도 원하는 위치로 움직일 수 있습니다.

드래그

무대

무대

드래그 방법은 **1-6**(23페이지)를 참조하세요.

캐릭터는 드래그로 원하는 위치로 움직일 수 있어요.

● 순차 처리(순차 실행)란?

스크래치에서 여러 개의 처리를 조합하면 결과만 표시되지만, 실제로는 프로그램이 하나씩 처리합니다. 이것을 **순차 처리**(순차 실행)라고 합니다. 순차 처리는 흐름도(**플로 차트**)의 위에서부터 차례로 실행됩니다.

흐름도를 작성하면 프로그램의 흐름을 잘 이해할 수 있어요.

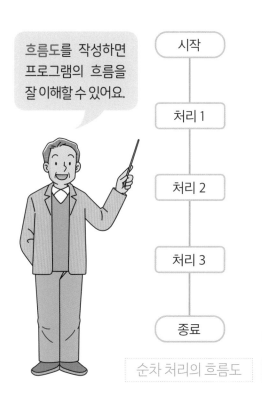

시작

처리 1

처리 2

처리 3

종료

순차 처리의 흐름도

흐름도란?

흐름도는 프로그램의 흐름을 기호로 나타낸 것입니다. 흐름도에는 다양한 기호가 사용됩니다. 주요 기호의 이름과 의미를 기억해 둡시다.

기호	이름	의미
——————	흐름선	처리를 연결한다.
⬭	단자	처리의 시작과 끝을 나타낸다.
▭	처리	처리 내용을 나타낸다.
▱	입출력	데이터의 입출력을 나타낸다.
◇	판단	조건에 따라 처리가 달라지는 것을 나타낸다.
⬡	루프	반복 처리의 시작과 끝을 나타낸다.

흐름도의 주요 기호와 의미

5 캐릭터의 크기를 바꿔 보자

할 수 있다 ● 캐릭터의 크기 변경
알 수 있다 ● 속성

● 캐릭터의 크기 속성을 바꿔봅시다

스크래치의 캐릭터는 마우스 조작으로 간단하게 크기를 변경할 수 있습니다.

작아졌어요.　　　　　작게 한다　　　　크게 한다　　　　커졌어요.

● 속성이란

사물의 크기나 색 등 그 자체를 나타내기 위한 특징을 **속성**이라고 합니다. 사람이라면, 성별, 키, 몸무게, 눈동자 색 등입니다. 캐릭터의 크기를 변경한다는 말은 캐릭터 크기에 관한 속성을 변경하는 것입니다.

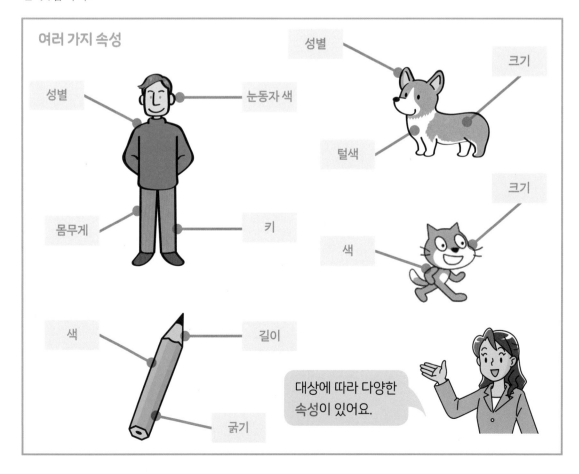

여러 가지 속성

성별
크기
성별
눈동자 색
털색
크기
몸무게
키
색
색
길이
굵기

대상에 따라 다양한
속성이 있어요.

스크래치로 따라해 보세요

 ❶ '크기'의 숫자를 100보다 작은 숫자로 변경합니다.

여기서는 숫자를 '50'으로 했습니다.

❷ Enter↵ 키를 누르거나 마우스를 클릭합니다.

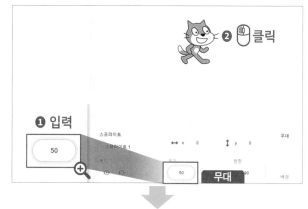

고양이가 작아집니다.

'크기'의 숫자를 작게 할수록 캐릭터가 작아집니다.

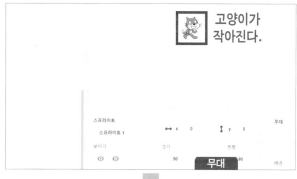

❶ '크기'의 숫자를 100보다 큰 숫자로 변경합니다.

여기서는 숫자를 '200'으로 했습니다.

❷ Enter↵ 키를 누르거나 마우스를 클릭합니다.

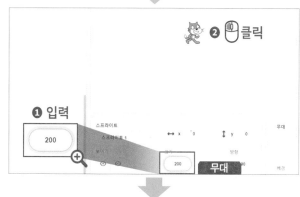

고양이가 커집니다.

'크기'의 숫자를 크게 할수록 캐릭터가 커집니다.

6 캐릭터의 색을 바꿔 보자

할수있다	● 캐릭터의 색 변경
알수있다	● 속성

● 캐릭터의 색 속성을 바꿔봅시다

스크래치에서 캐릭터의 색은 마우스 조작으로 쉽게 변경할 수 있습니다.

내 얼굴 색이 변했어.

얼굴 색의 속성을
변경했지요.

비트맵 그림과 벡터 그림

스크래치에서는 **비트맵 그림**과 **벡터 그림**을 모두 다룰 수 있습니다. 비트맵 그림과 벡터 그림은 각각 다른 방법으로 만들어집니다.

컴퓨터에서 다루는 그림(디지털 이미지)에는 **비트맵 그림**과 **벡터 그림**이 있습니다. 비트맵 그림은 픽셀이라고 불리는 점의 집합으로 만들어집니다. 비트맵 그림을 확대하면, 가장자리가 들쭉날쭉합니다. 비트맵 그림을 **래스터 그림**이라고도 합니다.

한편, **벡터 그림**은 방향이나 길이를 지정한 선에 의해 만들어집니다. 벡터 그림은 확대해도 들쭉날쭉해지지 않지만, 복잡한 그림의 경우 지정해야 할 값이 많아지므로 적합하지 않습니다.

확대

비트맵(래스터 그림)

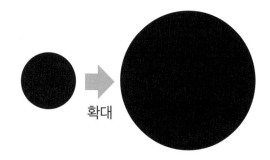

확대

벡터 그림

비트맵 그림은 확대하면 주변이 들쭉
날쭉해지는 게 두드러지네요.

스크래치로 따라해 보세요

▶ ❶ (모양탭)을 클릭합니다.
　❷ 캐릭터의 모양을 편집하는 화면(그림 편집기)이 표시됩니다.

❷ 그림 편집기가 표시된다.

▶ 칠할 색을 선택합니다.
　❶ '채우기 색'을 클릭합니다.
　❷ '색상'의 [ ]를 드래그해서 색상(값)을 선택합니다.

　여기서는 '85'를 선택했습니다.

　❸ [ ] 이외의 장소를 클릭합니다.

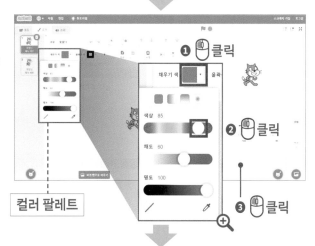

컬러 팔레트

▶ (채우기 색)을 클릭합니다.

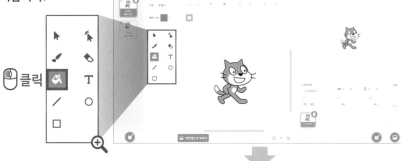

클릭

▶ 색상을 변경하고 싶은 부분을 클릭합니다.
　• 여기서는 고양이의 얼굴 부분의 색을 바꿉니다.
　• 마우스 포인터를 대상 위로 이동하면, 대상의 색이 바뀝니다. 마우스를 클릭하면 확정됩니다.

7   모양을 바꿔 보자

할 수 있다 ● 캐릭터의 모양 변경
알 수 있다 ● 속성, 속성값

● 캐릭터의 모양을 변경해 봅시다

캐릭터의 모양은 모양 목록에서 선택해서 바꿀 수 있습니다.

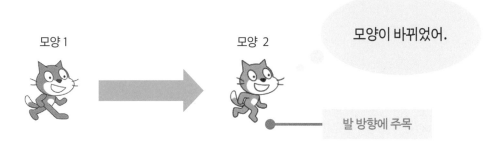

모양 1   모양 2   모양이 바뀌었어.

발 방향에 주목

스크래치의 기본 캐릭터인 고양이에는
두 가지 모양이 준비되어 있네요.

캐릭터와 모양

캐릭터(스프라이트)에 따라 모양이 여러 가지가 준비된 경우와 한 가지만 있는 경우가 있습니다. 모양은 모양 탭을 클릭하면 왼쪽에 표시됩니다.

| 여러 가지 모양이 있는 캐릭터 | 한 가지 모양만 있는 캐릭터 |

스크래치에서는 캐릭터를
스프라이트라고 합니다.

스크래치로 따라해 보세요

❶ (모양탭)을 클릭합니다.

❷ 캐릭터의 모양을 편집하는 화면(그림 편집기)이 표시됩니다.

❷ 그림 편집기가 표시된다.

❶ (모양 2)를 클릭합니다.

❷ 모양이 바뀝니다.

❶ 클릭

❷ 모양이 바뀐다.

'스프라이트 고르기'에는 캐릭터가 가득!

스크래치에는 많은 캐릭터(스프라이트)가 준비되어 있습니다. (스프라이트 고르기)를 클릭하면, '스프라이트 고르기'가 표시됩니다. 여기에서 원하는 캐릭터를 선택해, 프로그램에 사용할 수 있습니다.

❷ '스프라이트 고르기'가 표시된다.

스프라이트 고르기

❶ 클릭

'스프라이트 고르기'에서 무대에 표시하고 싶은 캐릭터를 마우스로 클릭하여 선택합니다.

[스프라이트 고르기] 목록

‘스프라이트 고르기’에는 많은 캐릭터(스프라이트)가 준비되어 있습니다. 아래는 그 목록입니다.

3 장

프로그래밍의
세계를 즐겨 보자

이 장에서는 여러 개의 캐릭터(스프라이트)를 다루는 방법을 학습합니다. 또한, 스크래치의 그리기 기능을 이용하여 캐릭터나 배경을 만들고 사진을 수정하는 방법도 학습합니다. 스크래치의 재미를 한층 더 느낄 수 있을 것입니다.

1   여러 캐릭터를 표시해 보자

● 캐릭터(스프라이트)를 늘려봅시다

'스프라이트 고르기'로 무대에 캐릭터(스프라이트)를 추가할 수 있습니다.

● 무대와 스프라이트 목록에 추가됩니다.

캐릭터(스프라이트)를 추가해 가면, 무대 위에 추가한 캐릭터가 표시되면서 스프라이트 목록에도 캐릭터가 추가됩니다.

캐릭터는 각각 크기가 다릅니다. 알맞게 크기를 조정하세요. 캐릭터 크기를 조정하는 방법은 2-5(13페이지)를 참조하세요.

캐릭터 = 스프라이트

스크래치에는 사람이나 동물을 비롯해 음식이나 판타지 등 많은 캐릭터가 준비되어 있습니다. 이들 캐릭터를 스크래치에서는 스프라이트라고 합니다. 이 책에서는 캐릭터와 스프라이트는 같은 의미로 사용합니다.

캐릭터는 공식적으로는 스프라이트라고 해요.

스크래치로 따라해 보세요

 (스프라이트 고르기)를 클릭합니다.

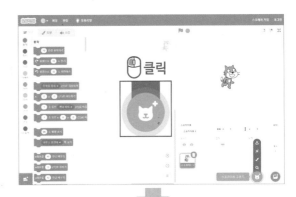

'스프라이트 고르기'가 표시됩니다. 추가하고 싶은 캐릭터(스프라이트)를 선택합니다.

- 스크롤바로 표시를 위아래로 움직일 수 있습니다.
- 캐릭터의 수가 많으므로, 위에 있는 [카테고리]를 클릭하면 종류별로 볼 수 있습니다.

캐릭터가 추가되었습니다.

- 캐릭터가 무대와 스프라이트 목록에 추가됩니다.
- 무대에 추가된 캐릭터는 마우스로 드래그해서 위치를 바꿀 수 있습니다. 2-4(39페이지)를 참조하세요.

캐릭터는 이런 방식으로 몇 개라도 추가할 수 있어요.

추가된다.

캐릭터(스프라이트) 삭제

캐릭터(스프라이트)는 언제든 삭제할 수 있습니다.

❶ 삭제하고 싶은 캐릭터를 스프라이트 목록에서 선택하고 클릭

무대의 캐릭터를 더블클릭해도 선택할 수 있습니다.

❷ 클릭

❸ 캐릭터가 사라진다.

2 여러 캐릭터를 동시에 움직여 보자

할 수 있다	● 여러 개의 캐릭터(스프라이트) 움직이기
알 수 있다	● 시작 버튼을 선택한다.

● 프로그램으로 캐릭터(스프라이트)를 한꺼번에 움직여 봅시다

여러 개의 캐릭터(스프라이트)를 동시에 움직이는 프로그램을 만들어보겠습니다.

모두 움직이기 시작했네.

움직였어.

어떻게 여러 개의 캐릭터를 움직이면 될까?

우선, 캐릭터(스프라이트)와 코드 영역부터 이해해 보자.

● 캐릭터(스프라이트)와 코드 영역의 관계

하나의 캐릭터(스프라이트)에는 하나의 코드 영역이 대응합니다. 코드 영역의 오른쪽 위에는 현재 선택한 캐릭터가 옅은 색으로 표시되어 있습니다. 캐릭터를 바꾸면 코드 영역의 내용도 바뀝니다. 캐릭터는 전용 코드 영역에 나열된 블록(프로그램)에 의해 움직입니다.

캐릭터
(스프라이트)

대응

코드 영역

고양이용 코드 영역

캐릭터
(스프라이트)

대응

코드 영역

앵무새용 코드 영역

화면 각 부분의 명칭에 대해 복습해 둡시다. 스크래치 화면에 대해서는 1-5(18페이지)를 참조하세요.

● 코드 영역 바꾸기

스프라이트 목록에 있는 캐릭터를 클릭해 코드 영역을 바꿀 수 있습니다. 어느 캐릭터를 선택했는지는 코드 영역 오른쪽 위에 표시된 그림으로 확인할 수 있습니다. 캐릭터(스프라이트)별로 코드 영역에 블록을 나열해 프로그램을 만듭니다.

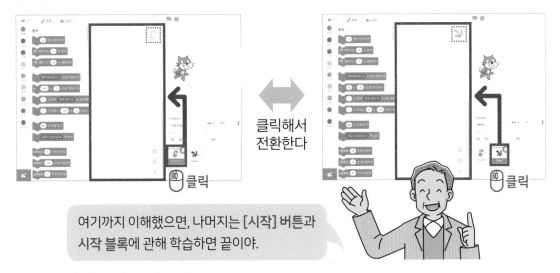

클릭해서
전환한다

클릭

클릭

여기까지 이해했으면, 나머지는 [시작] 버튼과 시작 블록에 관해 학습하면 끝이야.

● [시작] 버튼과 시작 블록

지금까지는 캐릭터(스프라이트)를 움직일(프로그램을 실행할) 때 코드 영역에 있는 블록을 클릭하는 방법을 사용했습니다. 하지만, 이 방법으로는 여러 캐릭터를 동시에 클릭할 수 없습니다. 이 문제를 해결하는 것이 [시작] 버튼입니다.

[시작] 버튼은 모든 캐릭터를 한꺼번에 시작할 수 있는 기능, 다시 말해 여러 개의 코드 영역에 있는 프로그램을 동시에 실행하는 기능이 있습니다.

[시작] 버튼을 사용하기 위해서는 코드 영역에 **시작 블록**을 배치하면 됩니다. [시작] 버튼을 클릭하면, 시작 블록과 결합된 모든 프로그램이 실행됩니다(캐릭터가 일제히 움직이기 시작합니다).

프로그램을 종료할(멈출) 때는 **[종료] 버튼**을 클릭합니다.

'이벤트'를 클릭하면, 블록 팔레트에
'시작 블록'이 표시됩니다.

[시작] 버튼   [종료] 버튼

시작 블록

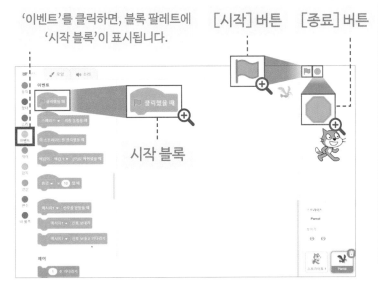

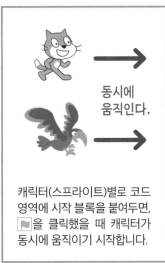

동시에
움직인다.

캐릭터(스프라이트)별로 코드
영역에 시작 블록을 붙여두면,
🏳을 클릭했을 때 캐릭터가
동시에 움직이기 시작합니다.

스크래치로 따라해 보세요

▶ 캐릭터(스프라이트)를 하나 추가합니다.
(스프라이트 고르기)를 클릭합니다.

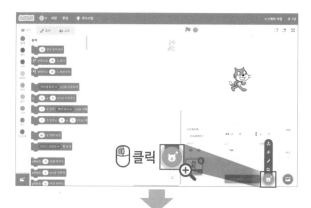

▶ '스프라이트 고르기'가 표시됩니다.
'Parrot'을 클릭합니다.

▶ 캐릭터가 두 개 표시됩니다.

❶ 스프라이트 목록의 [스프라이트 1] 를 클릭합니다.

❷ 스프라이트 목록의 [스프라이트 1] 의 코드 영역이 표시됩니다.

무대 위의 캐릭터는 적당한 위치에 배치합니다. 무대 위의 캐릭터를 움직이는 방법은 2-4(39페이지)를 참조하세요.

▶ 와 를 코드 영역에 배치하고 결합합니다.

배치 방법과 결합 방법은 2-4(37페이지)를 참조하세요.

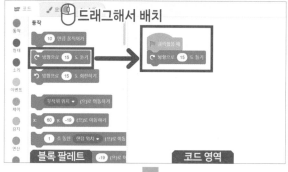

▶ ❶ 스프라이트 목록의 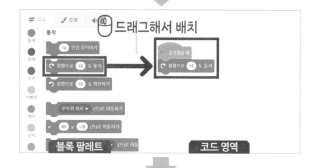 를 클릭합니다.

❷ 스프라이트 목록의 [Parrot] 의 코드 영역이 표시됩니다.

▶ [클릭했을 때] 와 [방향으로 15 도 돌기] 를 코드 영역에 배치하고 결합합니다.

▶ ❶ 🚩 을 클릭합니다.

❷ 두 캐릭터가 동시에 움직입니다.

이 예에서는 두 캐릭터가 시계 방향으로 15도 회전합니다.

캐릭터(스프라이트)의 방향을 변경할 경우

무대 위의 캐릭터(스프라이트)의 방향을 바꾸려면, '방향'을 클릭해서 수치를 변경하거나 표시되는 화살표를 드래그합니다.

❸ 방향이 바뀐다.

❶ '방향'을 클릭

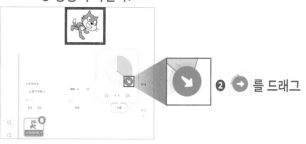

❷ ➡ 를 드래그

3 캐릭터를 만들어 보자

할 수 있다	● 캐릭터(스프라이트) 만들기
알 수 있다	● 그림 편집기

● 캐릭터(스프라이트)를 직접 만들 수 있어요

캐릭터(스프라이트)는 '스프라이트 고르기'에서 선택할 수도 있지만, 직접 만들어 볼 수도 있습니다. 스크래치의 그리기 기능을 이용해서 만들어 봅시다.

내 동료를
만들어 줘.

그림 편집기를
사용하면 우리를
만들 수 있어.

● 그림 편집기를 사용해 봅시다

그림 편집기에는 간단한 그리기 기능이 있습니다. 그림 편집기를 사용하면 캐릭터(스프라이트)의 모양을 가공하거나 새로운 캐릭터를 만들 수 있습니다.

그림을 그리는 것처럼 즐겁게 만들 수 있어요. 캐릭터(스프라이트) 만들기만 해도 재미있지요.

캐릭터(스프라이트)를 수정하는 경우

그림 편집기는 캐릭터(스프라이트)를 새로 작성할 수도 있고, 현재 사용하는 캐릭터를 덧칠하거나 수정할 수도 있습니다. 캐릭터를 수정한 경우, 원래 그림과 떨어져 있어도 하나의 캐릭터로 간주됩니다. 따라서 무대에서는 한몸처럼 움직입니다.

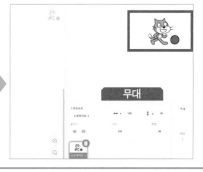

고양이랑 원이 하나가 되어 움직이네요.

스크래치로 따라해 보세요

▶ ❶ (스크래치 고르기) 위로 마우스를 가져갑니다.

　❷ (그리기)를 클릭합니다.

나를 만들어 봐.

❷ 클릭

❶ 마우스를 위로 올린다.

▶ 그림 편집기가 표시됩니다.

표시가 전환된다.

▶ ❶ 윤곽선 굵기는 4로 설정합니다.

　❷ (원)을 클릭합니다.

　❸ 마우스를 드래그하여 타원을 그려 얼굴을 만듭니다.

우선 형태를 만들자.

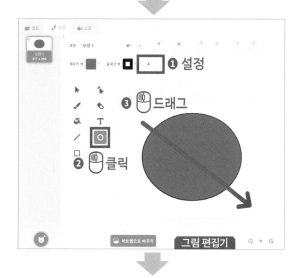

❶ 설정

❸ 드래그

❷ 클릭

그림 편집기

❶ 마우스를 드래그해서 원을 그려 양쪽 귀를 만듭니다.

❷ 마우스를 드래그해서 타원을 그려 입 주변을 만듭니다.

키보드의 `⇧ Shift` 키를 누르면서 마우스로 드래그하면 예쁜 원을 그릴 수 있습니다.

❶ 마우스를 드래그해서 원을 그려 양쪽 눈을 만듭니다.

❷ 마우스를 드래그해서 타원을 그려 코를 만듭니다.

형태가 완성됐어요!
이 다음은
색을 칠할 거예요

❶ '채우기 색'을 클릭합니다.

❷ '색상'의 를 드래그해서 얼굴에 칠할 색을 선택합니다.

여기서는 '색상'을 5로 지정했습니다.

❸ '채도'의 를 드래그해서 얼굴에 칠할 색의 선명도를 선택합니다.

여기서는 '채도'를 60으로 지정했습니다.

❹ '명도'의 를 드래그해서 얼굴에 칠할 색의 밝기를 선택합니다.

여기서는 '명도'를 70으로 지정했습니다.

❺ 의 바깥 쪽을 클릭합니다.

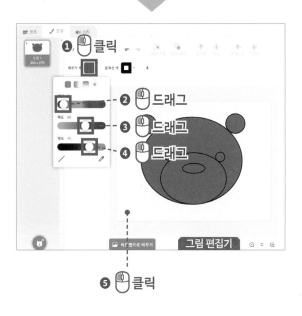

(채우기 색)을 클릭합니다.

얼굴 위를 클릭해서 얼굴에 색을 채웁니다.

좌우의 귀를 클릭해서 지정한 색으로 채워
줍니다.

❶ 56페이지와 마찬가지로 양쪽 눈에 채울
색을 선택합니다.

여기서는
'색상'을 '5'
'채도'를 '60'
'명도'를 '0'
으로 지정했습니다.

❷ 의 바깥 쪽을 클릭합니다.

좌우의 눈을 클릭해서 지정한 색으로 채웁니다.

 ❶ 56페이지와 마찬가지로 코에 채울 색을 선택합니다.

여기서는
'색상'을 '5'
'채도'를 '60'
'명도'를 '50'
으로 지정했습니다.

❷ 의 바깥 쪽을 클릭합니다.

 코 위를 클릭해서 코에 색을 채웁니다.

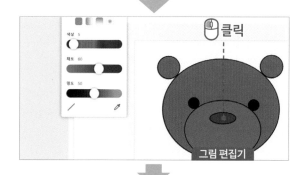

 ❶ 56페이지와 마찬가지로 입 주변에 채울 색을 선택합니다.

여기서는
'색상'을 '5'
'채도'를 '0'
'명도'를 '100'
으로 지정했습니다.

❷  의 바깥 쪽을 클릭합니다.

입 주변을 클릭해서 지정한 색으로 채웁니다.

완성!
나를 저장하는 걸
잊지 말아줘.
저장하는 방법은
다음 페이지를
읽어봐.

배경 만들기도 똑같다

화면 오른쪽 아래의 📷에 마우스를 올리고, 팝업되는 메뉴에서 🖌 (그리기)를 클릭하면 배경을 만들 수 있습니다. 그리는 방법은 여기서 학습한 방법과 같습니다.

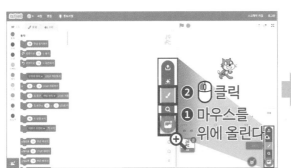

작업 취소 기능

취소 기능 ↰ 으로 실수한 작업을 취소할 수 있습니다. ↰ 를 클릭하면 이전 화면(상태)로 돌아갑니다.

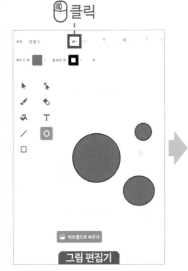

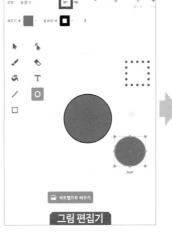

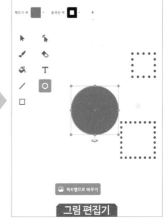

4 캐릭터를 저장하고 불러오자

| 할 수 있다 | ● 캐릭터(스프라이트) 저장하기, 캐릭터(스프라이트) 불러오기 |
| 알 수 있다 | ● 파일, 폴더 |

● 완성한 캐릭터(스프라이트)를 저장해 봅시다

완성한 캐릭터(스프라이트)를 저장해 봅시다. 캐릭터를 저장해 두면, 다음부터는 불러와서 사용할 수 있습니다. 캐릭터는 프로그램을 저장할 때처럼 폴더에 저장합니다.

● 저장한 캐릭터(스프라이트)를 불러와 봅시다

저장된 캐릭터(스프라이트)를 불러와서 다시 사용할 수 있습니다. 캐릭터를 저장한 폴더에서 스크래치로 불러와서 사용합니다.

스크래치로 따라해 보세요

 캐릭터(스프라이트)를 저장해 봅시다.

❶ 스프라이트 목록에 있는 저장하고 싶은 캐릭터 위에서 우클릭합니다.
❷ 표시된 메뉴에서 '내보내기'를 클릭해서 선택합니다.

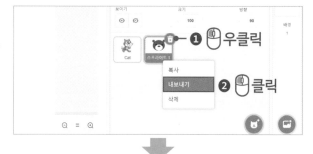

 ❶ 캐릭터가 저장됩니다.

• '다운로드' 폴더에 '스프라이트1.sprite 3'이라는 파일명으로 저장됩니다.
• 저장할 파일은 필요에 따라 폴더나 파일 이름을 변경합니다.
• 여기서는 gom.sprite3라는 이름으로 변경했습니다.

❷ 🗑 를 클릭합니다.

스크래치로 따라해 보세요

 캐릭터(스프라이트)를 불러와 봅시다.

❶ (스프라이트 고르기) 위로 마우스를 가져갑니다.

❷ (스프라이트 업로드하기)를 클릭합니다.

❷ 클릭

❶ 마우스를 위로 가져간다.

 ❶ '다운로드'를 클릭합니다.
❷ 저장한 캐릭터 파일을 선택합니다.
❸ '열기'를 클릭합니다.

• 여기서는 '다운로드' 폴더에 저장된 파일을 불러옵니다.
• 여기서는 'gom.sprite3'을 선택했습니다.
• 스크래치 3.0에서는 확장자가 'sprite3'으로 된 파일이 캐릭터(스프라이트) 파일입니다. 확장자에 관해서는 1-8(26페이지)를 참조하세요.

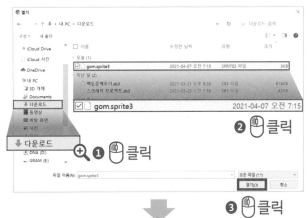

❶ 클릭 ❷ 클릭

❸ 클릭

 캐릭터 파일을 읽어들여 무대에 표시합니다.

표시된다.

스크래치 파일과 캐릭터(스프라이트) 파일

스크래치는 스크래치 파일 전체를 저장하고 불러올 수 있습니다. 한편으로, 캐릭터(스프라이트) 부분만 저장하고 불러올 수도 있습니다. 스크래치 파일의 확장자는 'sb3'이고, 캐릭터(스프라이트) 파일의 확장자는 'sprite3'입니다. 확장자와 스크래치 파일의 저장 및 불러오기에 관해서는 1-7(24페이지)과 1-8(26페이지)을 참조하세요.

5 사진을 불러와서 수정해 보자

할수있다	● 사진 불러오기, 사진 수정
알수있다	● 파일, 폴더

● 무대에 사진을 불러와서 이용한다

사진을 무대로 불러와서 이용할 수 있습니다. 사진도 캐릭터(스프라이트)와 마찬가지로 폴더에서 스크래치로 불러와서 사용합니다.

캐릭터 불러오기와 같아요.

스크래치로 따라해 보세요

▶ ❶ (스프라이트 고르기) 위로 마우스를 가져갑니다.
❷ (스프라이트 업로드하기)를 클릭합니다.

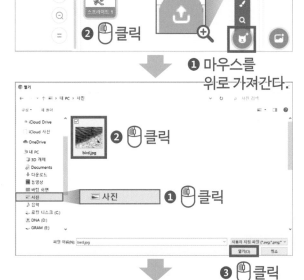

▶ ❶ '사진' 폴더를 클릭합니다.
❷ 불러오고 싶은 파일을 클릭합니다.
❸ '열기'를 클릭합니다.

이 예에서는 '사진' 폴더에 있는 사진(bird. jpg)을 선택했습니다.

▶ 무대에 사진이 표시됩니다.

● 불러온 사진을 수정해 봅시다

불러온 사진은 수정할 수 있습니다. 사진을 잘라 봅시다. 선택한 부분만 표시할 수 있습니다.

스크래치로 따라해 보세요

 (모양 탭)을 클릭해서, 그림 편집기를 표시합니다.

❶ (선택)을 클릭합니다.

❷ 잘라내고 싶은 부분을 마우스로 드래그합니다.

❸ 📋 (복사)를 클릭합니다.

이 예에서는 오른쪽 아래에 있는 새 부분을 선택했습니다.

❹ 테두리 밖을 마우스로 클릭합니다.

❺ 🗑 (삭제)를 클릭합니다.

그림 편집기

❶ (붙이기)를 클릭합니다.

❷ 사진에서 선택한 부분만 표시됩니다.

❷ 사진을 잘라냈다.

6   소리를 내 보자

<table>
<tr><td>할 수 있다</td><td>● 소리를 낸다</td></tr>
<tr><td>알 수 있다</td><td>● 소리, 확장 기능, 음악</td></tr>
</table>

● 프로그램으로 소리를 낼 수 있어요

   스크래치로 소리를 낼 수 있습니다. 또한, 소리의 크기를 바꾸거나, 소리의 템포를 변화시킬 수도 있습니다.

스크래치는
소리를 낼 수도 있어.

● 확장 기능으로 음악 블록을 추가해요

   소리를 내는 블록은 '소리' 카테고리와 확장 기능의 '음악' 카테고리에 있습니다. 음악 블록으로 '도레미파솔라시도'를 만들어 봅시다. 8개의 블록을 사용해서 만듭니다. 각 음계에는 번호(숫자)가 붙어 있습니다. 예를 들어, '한 가운데의 도'는 '60'입니다.

❶ (확장 기능)을 클릭합니다.

❷ '음악'을 클릭합니다.

❸ 블록 카테고리에 '음악'이 표시됩니다.

❹ 코드 영역에 을 배치합니다.

❺ 음계 번호를 입력하는 부분을 클릭하면 건반이 표시됩니다.

음계와 스크래치의 건반, 소리 번호의 대응 관계는 5-5(106페이지)를 참조하세요.

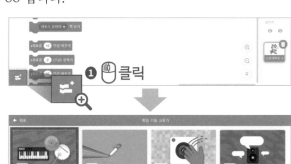

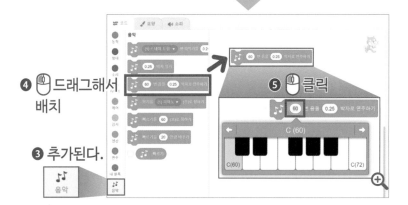

스크래치로 따라해 보세요

❶ '음악'을 클릭합니다.

❷ 를 코드 영역에 8개 배치하고, 블록끼리 결합합니다.

• '음악' 카테고리가 표시되지 않은 경우, 확장 기능에서 추가해 주세요(64페이지 참조).

• 블록끼리 결합하는 방법은 2-4(37페이지)를 참조하세요.

맨 위 블록은 그대로 두고 나머지 음계 번호를 변경합니다.

• 블록의 숫자는 위에서부터 순서대로 60, 62, 64, 65, 67, 69, 71, 72입니다.

• 건반을 누르면 소리가 울리고, 건반에 표시된 숫자가 입력됩니다.

❶ '이벤트'를 클릭합니다.

❷ 를 코드 영역 위로 드래그해서 배치하고, 다른 블록과 결합합니다.

❸ ⚑ 을 클릭하면, 멜로디가 연주됩니다.

캐릭터(스프라이트)의 3요소

캐릭터(스프라이트)는 모양, 소리, 코드의 3요소로 구성됩니다. 이들을 조합하여 캐릭터를 꾸미거나 움직입니다.

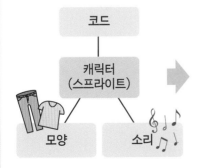

캐릭터(스프라이트)의 3요소를 잘 사용할 수 있게 되면, 다양한 프로그램을 만들 수 있습니다.

캐릭터(스프라이트) 만들기와 배경 만들기

캐릭터(스프라이트)나 배경은 그림 편집기로 만들 수 있습니다. 캐릭터의 경우는 (스프라이트 고르기), 배경일 경우는 (배경 고르기) 위로 마우스를 올리고, 각각 (그리기)를 클릭합니다. 같은 (그리기)이지만, 캐릭터와 배경은 위치가 다르므로 주의하세요.

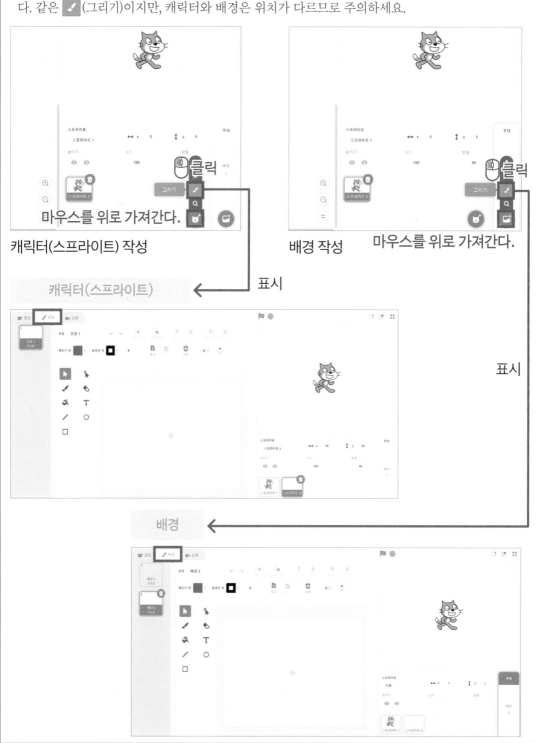

캐릭터(스프라이트) 작성   배경 작성

마우스를 위로 가져간다.

캐릭터(스프라이트)

배경

표시

4 장

간단한 게임을 만들자

이 장에서는 간단한 게임 만들기를 통해 스크래치 프로그래밍을 학습합니다. 이제부터 본격적인 프로그래밍에 도전합니다. 3장과 비교하면 조금 어렵게 느껴질 수도 있습니다. 하지만, 4장을 마칠 때까지 학습하면 프로그래밍의 기본을 몸에 익힐 수 있습니다. 천천히 학습하려는 생각으로 읽어주세요.

1 게임의 내용을 생각하자

할 수 있다 ● 게임의 내용을 생각한다
알 수 있다 ● 게임의 작성 순서

● 3장까지 학습한 지식을 활용해 게임을 만들어 봅시다

게임을 만들기 전에, 게임의 종류를 알아 봅시다.

게임의 종류

주요 게임의 종류에는 다음과 같은 것이 있습니다.

■ **슈팅 게임**
  캐릭터를 이동시키며 적을 쏩니다. 적이 공격해 오면 잘 피합니다.

■ **액션 게임**
  주인공 캐릭터를 조종해서 적을 피하거나 쓰러뜨리는 움직임을 즐깁니다. 능숙하게 캐릭터를 움직여 스테이지를 클리어합니다.

■ **어드벤처 게임**
  캐릭터를 조종해서 수수께끼를 풀거나 던전(동굴)을 탐험하거나 합니다.

■ **퍼즐 게임**
  도형이나 숫자로 된 퍼즐을 풉니다. 시간 제한 등이 있으면 어려워집니다.

■ **롤플레잉 게임**
  캐릭터가 되어, 과제를 해결하면서 캐릭터의 성장을 즐깁니다.

● 스크래치로 간단히 만들 수 있는 게임은?

게임은 간단한 스토리일수록 만들기 쉽다고 할 수 있습니다. 그 중에서도 만들기 쉬운 것은 **슈팅 게임**입니다.

스크래치에는 캐릭터(스프라이트)의 동작을 나타내는 블록이 이용됩니다. 이 장에서는 슈팅 게임을 만드는 방법을 학습합니다.

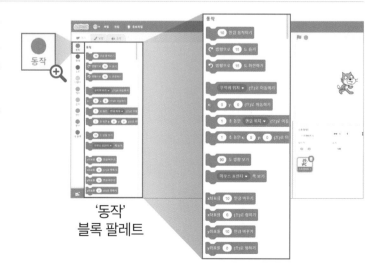

'동작'
블록 팔레트

● 슈팅 게임 제작 방법을 확인합시다

여기서는 우주선을 조종하여 좌우로 이동하는 로봇을 향해 총알을 쏘는 게임을 만듭니다. 우주선이 게임을 설명한 다음에 게임이 시작됩니다.

STEP 1 게임의 무대가 되는 배경을 결정한다.

무대의 배경은 게임 전체의 분위기를 결정하는 중요한 요소입니다. 스크래치에 준비된 '배경 고르기'에는 판타지, 음악, 스포츠 등 다양한 주제의 배경이 있습니다. 여기서는 우주를 배경으로 선택합니다.
▶ 4-2

무대의 배경 ------

STEP 2 등장할 캐릭터(스프라이트)를 결정한다.

등장할 캐릭터(스프라이트)를 생각합니다.
여기서는 세 가지 스프라이트가 등장합니다. 우선, 주인공이 될 스프라이트는 **우주선**이고, 격추할 상대 스프라이트는 **로봇**으로 했습니다. 그밖에 필요한 스프라이트로는 총알이 있습이다.
▶ 4-3

캐릭터(스프라이트)

Rocketship   Robot

STEP 3 프로그램(코드)를 만든다.

캐릭터(스프라이트)가 정해지면, 스프라이트별로 각각 프로그램(코드)를 작성합니다.
　① 우주선을 움직이는 코드 ▶ 4-5
　　 ←‒→ 키로 이동하고, 스페이스 키로 총을 쏩니다.
　② 총알을 움직이는 코드 ▶ 4-6
　　 스페이스 키를 누르면, 총알이 발사되고 위로 날아갑니다.
　③ 로봇을 움직이는 코드 ▶ 4-7
　　 좌우로 자동으로 움직입니다.
　④ 점수를 표시하는 코드 ▶ 4-8
　　 로봇에 총알이 닿으면 득점합니다. 로봇 스프라이트에 점수를 표시하는 프로그램(코드)를 만듭니다.

프로그램(코드)

STEP 4 게임을 움직인다.

프로그램(코드)이 완성되면, 게임을 실행해서 플레이해 봅시다. 어느 정도 프로그램이 이해가 되면, 직접 게임을 변형해서 개선해봅시다.

STEP 5 원하는대로 변형해 보자.

다시 자기 나름의 아이디어를 더해서 게임을 변형해 봅시다. ▶ 4-9

2 화면 배경을 결정하자

할 수 있다 ● 무대의 배경을 선택한다
알 수 있다 ● 배경 설정

● 무대에 배경을 넣어봅시다

무대의 배경은 미리 준비되어 있는 배경 중에서 선택하는 것 말고도 다양한 방법으로 넣을 수 있습니다.

무대에 배경을 넣기 위해서는 Ⓐ의 (배경 고르기)를 클릭하거나, (배경 고르기)위로 마우스를 올리면 표시되는 메뉴를 클릭합니다. 또한, 그림 편집기 왼쪽 아래에도 (배경 고르기)가 표시됩니다(Ⓑ). 그림 편집기는 ❶❷의 순서대로 표시됩니다. 무대에는 한 가지 배경만이 아니라, 여러 개의 배경을 전환하며 사용할 수 있습니다.

❷ 클릭하면 그림 편집기가 표시된다.

그림 편집기

Ⓑ 배경 고르기

❶ 클릭하면 배경 탭이 표시된다.

무대

Ⓐ 배경 고르기

배경 고르기 '배경 고르기'에 마우스를 올리면, 다음 네 개의 버튼이 표시됩니다.

❶ 🔼 배경 업로드하기
배경 파일을 업로드해 배경으로 설정합니다.

❷ ✱ 서프라이즈
적당한 배경이 자동으로 선택됩니다.

❸ 🖌 그리기
그림 편집기로 배경을 그립니다.

❹ 🖼 배경 고르기
'배경 고르기'가 표시되며 미리 준비된 테마에서 배경을 선택합니다. 도형이나 숫자로 된 퍼즐을 풉니다. 시간 제한 등이 있으면 어려워집니다.

무대 '무대'는 다음 버튼으로 표시할 크기를 변경할 수 있습니다.

❶ 🔲 축소 표시
무대가 작게 표시됩니다.

❷ 🔲 표준 표시
무대가 표준 크기로 표시됩니다.

❸ 🔳 전체 화면 표시
무대가 전체 화면으로 표시됩니다.

게임의 배경을 넣어보세요

 무대에 배경을 넣습니다.
(배경을 선택)을 클릭합니다.

'배경 고르기'가 표시됩니다.

❶ 카테고리 중 '우주'를 클릭합니다.
❷ 'Stars'를 클릭합니다.

배경이 들어갔습니다. 흰색 배경(배경1)
은 필요없으므로, 배경 목록을 표시해서
삭제합니다.

❶ 무대를 클릭합니다.
❷ 배경 탭을 클릭합니다.

그림 편집기 화면으로 전환됩니다.

배경 목록에서 흰색 배경(배경1)을 삭제
합니다.

❶ '배경1'을 클릭합니다.

❷ 을 클릭해서 '배경1'을 '삭제'합
니다.

이 게임에서는 흰색 배경(배경1)을 삭제하지
않아도 동작에 영향은 없습니다. 여기서는
연습을 위해 삭제합니다.

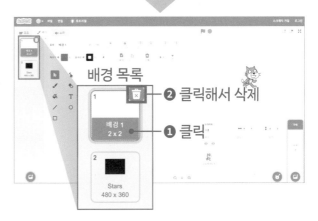

3 캐릭터와 역할을 결정하자

| 할 수 있다 | ● 등장하는 캐릭터를 결정한다 |
| 알 수 있다 | ● 스프라이트 추가 |

● 게임에 세 가지 캐릭터를 등장시킵니다

무대 배경을 정했으면, 다음은 등장할 캐릭터(스프라이트)를 결정합니다. 그리고 스프라이트마다 역할을 생각해서 프로그램(코드)를 만듭니다.

Rocketship

Rocketship

역할 ←→ 키를 누르면 좌우로 이동한다.

역할 스페이스 키를 누르면 총알이 나간다.

> 각 캐릭터의 역할을
> 확인해봅시다.

Ball

Ball

역할 스페이스 키를 누르면 나타난다.

역할 나타나면 위를 향해 날아간다.

Robot

Robot

역할 자동으로 좌우로 움직인다.

역할 총알에 맞으면 점수가 올라간다.

사용자 인터페이스

게임을 디자인할 때 마우스로 조종하는지 키보드로 조종하는지에 따라서 게임의 재미가 달라집니다. 이처럼 사용자와 프로그램이 의사소통하는 방식을 **사용자 인터페이스**라고 합니다. 좋은 게임은 이 사용자 인터페이스가 우수합니다.

스프라이트를 추가하세요

고양이 스프라이트는 사용하지 않으므로 삭제합니다.

❶ 스프라이트 목록의 고양이를 클릭합니다.

❷ 🗑 을 클릭해서 고양이를 삭제합니다.

'스프라이트 고르기'를 표시하고 게임에 등장할 캐릭터(우주선, 총알, 로봇)를 추가합니다.

🐱 (스프라이트 고르기)를 클릭합니다.

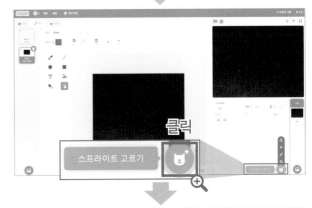

'스프라이트 고르기'에서 우주선을 추가합니다.

'Rocketship'을 클릭합니다.

마찬가지로 총알(Ball)과 로봇(Robot)을 추가합니다.

이것으로 게임에 필요한 캐릭터(스프라이트)가 준비되었습니다.

추가한 스프라이트가 무대에서 겹쳐서 표시되는 경우가 있는데, 드래그하면 이동할 수 있습니다.

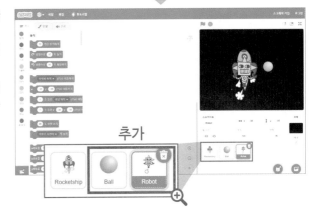

4   프로그래밍에 앞서 알아 두자

할 수 있다   ● 프로그램 초기화
알 수 있다   ● 조건 분기, 반복

● 프로그래밍에는 세 가지 중요한 요소가 있습니다

왼쪽   Rocketship   오른쪽
방향키   방향키

우주선의 코드에서 '←→ 키를 누르면 우주선이 이동한다'를 구현하기 위해서는 '초기화'와 '조건분기', '반복'이라는 세 가지 지식이 필요합니다.

● 초기화

처리를 시작할 때, 조건을 처음 결정하는 것을 **'초기화'**라고 합니다. 변수를 0으로 설정하거나 캐릭터(스프라이트)의 크기나 위치를 지정합니다.

스크래치의 스프라이트는 **2-1**에서 **2-7**까지 학습한 것처럼 방향이나 크기, 색상 등의 속성을 자유롭게 변경할 수 있습니다. 또한, 프로그램을 재시작한 때는 이전 상태를 이어받아 실행됩니다. 그러므로, 경우에 따라서는 조건을 초기화하지 않으면 곤란할 때가 있습니다. 예를 들어, 게임을 시작할 때 어떤 스프라이트를 항상 스테이지 중심에 배치해야할 경우 등입니다.

이 밖에도 나중에 학습할 펜의 색이나 크기, 변수 등에서도 초기화가 필요한 경우가 있습니다.

● 주요 초기화 블록

블록 카테고리	블록	내용
● 동작	x: -36 y: -35 (으)로 이동하기	스프라이트의 위치를 결정한다.
	90 도 방향 보기	스프라이트의 방향을 결정한다.
● 형태	크기를 100 %로 정하기	스프라이트의 크기를 결정한다.
	보이기	스프라이트를 표시한다.
	숨기기	스프라이트를 감춘다.

● 조건분기

'만약 → 키가 눌렸으면, 오른쪽으로 움직인다'처럼 조건에 따라 처리를 다르게 하는 것을 **'조건분기'**라고 합니다.

스크래치에서는 '동작' 블록, '이벤트' 블록, '제어' 블록 등에 조건 분기가 있습니다.

주요 조건 분기로는 다음과 같은 것이 있습니다.

● 주요 조건분기 블록

블록 카테고리	블록	내용
제어	만약 (이)라면	'만약' 뒤에 감지할 블록을 넣어 조건을 만든다. **조건의 값이 true**(참, 맞다, 성립한다)일 때 처리가 실행된다. **조건의 값이 false**(거짓, 틀리다, 성립하지 않는다)일 때 처리가 실행되지 않는다. 예 오른쪽 방향키가 눌렸을 때 스프라이트의 x좌표를 10만큼 바꾼다. 만약 오른쪽 화살표 ▾ 키를 눌렀는가? (이)라면 x 좌표를 10 만큼 바꾸기
	만약 (이)라면 아니면	'만약'의 조건이 성립하지 않을 때의 처리도 추가할 수 있다. **조건의 값이 true**(참, 맞다, 성립한다)일 때 처리가 실행된다. **조건의 값이 false**(거짓, 틀리다, 성립하지 않는다)일 때는 '아니면'의 처리가 실행된다.
이벤트	클릭했을 때	⚑이 클릭되면 코드가 시작된다.
동작	벽에 닿으면 튕기기	스프라이트가 무대 벽에 닿으면 방향을 바꾼다.

● 반복

지정된 횟수나 조건을 바탕으로 처리를 반복합니다.
스크래치에서는 '제어' 카테고리에 세 종류의 반복 블록이 있습니다.

● 주요 반복 블록

블록 카테고리	블록	내용
제어	10 번 반복하기	지정한 횟수만큼 반복한다.
	무한 반복하기	계속 반복한다. 키 입력이나 마우스 조작은 이 블록을 이용해서 기다릴 수 있다.
	까지 반복하기	조건이 성립할 때까지 반복한다. '감지' 블록을 이용해서 조건을 지정할 수 있다.

5   우주선을 움직이는 코드를 만들자

할 수 있다   ● 키보드 처리
알 수 있다   ● 조건분기 설정

● 우주선의 역할

캐릭터(스프라이트)가 결정됐으면, 스프라이트마다 프로그램(코드)을 작성합니다. 여기서는 세 개의 캐릭터 중 우주선의 코드를 작성합니다.

우주선은 게임의 플레이어가 조종하는 스프라이트입니다. 키보드의 → 키를 누르면, 우주선이 오른쪽으로 이동하고 무대 끝에서 멈춥니다. ← 키를 누르면 우주선이 왼쪽으로 이동하고 무대 끝에서 멈춥니다. 총알은 스페이스 키를 누르면 나오지만, 여기서는 아직 만들지 않았습니다.

- 우주선의 크기와 위치를 지정한다(초기화)
- ← 키를 누르면 왼쪽으로 움직인다.
- → 키를 누르면 오른쪽으로 움직인다.
- 스페이스 키를 누르면 총알이 발사된다(4-6에서 만든다).

좌우 방향키로 우주선을 움직여보세요

▶ 우주선의 코드를 만듭니다. 스프라이트 목록에서 우주선을 클릭합니다.

우주선은 'Rocketship'이라는 이름으로 표시되어 있습니다.

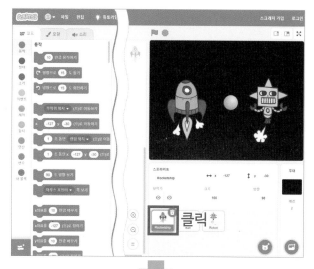

※ 노란색 점선으로 에워싼 부분은 화면 그대로 입력이나 설정을 해주세요.

우주선의 크기와 위치를 지정합니다. 블록을 나열하고 숫자를 입력합니다.

코드 영역이 표시되지 않을 때는 코드 탭을 클릭합니다.

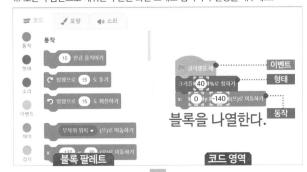

오른쪽 화살표를 누르면, 우주선이 오른쪽으로 움직이는 코드를 만듭니다. 블록을 추가하고, 숫자를 입력합니다.

Point ▼를 클릭하면 메뉴가 표시됩니다.

Point 천천히 가까이 가면 ⬡ 안으로 들어갑니다.

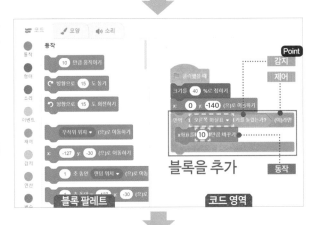

마찬가지로, 왼쪽 화살표를 눌렀을 때 우주선이 왼쪽으로 움직이는 코드를 만듭니다. 블록을 추가하고 숫자를 입력합니다.

Point 위에서 만든 '만약..이라면' 블록 위에서 우클릭하고 '복사하기'를 선택하면, 안쪽에 결합된 블록까지 한꺼번에 복사할 수 있습니다.

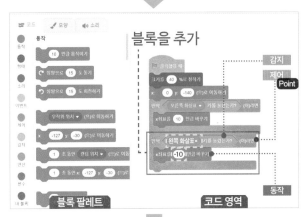

을 오른쪽 그림처럼 배치합니다.

🏳을 클릭해서 ← → 키로 우주선을 움직여 보세요.

⏹를 클릭하면 프로그램을 멈출 수 있습니다.

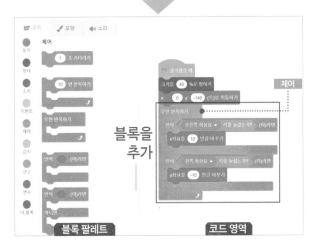

6 총알을 쏘는 코드를 만들자

할 수 있다 ● **프로그램 간의 연동**
알 수 있다 ● **메시지, 복제**

● 총알의 역할

총알은 스페이스 키를 누르면 우주선에서 발사되어, 위쪽으로 날아갑니다. 그리고 로봇에 닿으면 득점이 되고, 화면 끝에 도달하면 사라집니다. 총알 코드에서는 총알 스프라이트의 움직임을 작성합니다. 총알이 로봇에 닿았을 때 하는 처리는 **4-7**(82페이지)에서 설명합니다.

● 여러 개의 코드를 조립해서 움직입니다

스페이스 키가 눌렸는지 판단하는 처리를 우주선 코드에 추가합니다. 스페이스 키를 누르면, 총알 코드가 동작하기 시작하는 구조입니다. 이처럼 여러 개의 코드가 연동하며 동작하는 구조는 어떠한 프로그램에도 준비되어 있습니다.

스크래치에서는 스프라이트의 클론을 만드는 '복제'나 다른 코드로 '메시지'(하단 칼럼을 참조)를 전달함으로써 여러 개의 코드가 서로 연동하여 동작합니다.

이제부터 만들 블록의 배치는 하나의 예입니다. 여기서는 메시지 사용법을 학습하기 위해, 우주선에서 게임 설명을 표시하고 난 후, 총알이나 로봇 코드가 동작하도록 만들겠습니다.

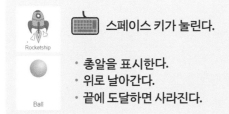

우주선과 총알이 연동하게 하려면 어떻게 해야할까?

메시지

메시지란 어떤 코드로부터 다른 코드에 실행을 재촉하는 구조입니다. 스프라이트끼리의 연동에도 이용할 수 있습니다.

이벤트 카테고리에 있는 '메시지 신호 보내기' 블록을 코드 영역에 사용함으로써, 다른 스프라이트에 메시지를 보낼 수 있습니다.

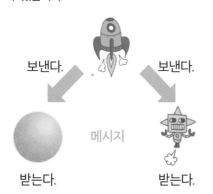

우주선에서 총알을 발사하세요

※ 노란색 점선으로 에워싼 부분은 화면 그대로 입력이나 설정을 해주세요.

▶ 4-5(76페이지)에서 만든 우주선 코드에 게임이 시작될 때 표시하는 설명과 다른 스프라이트에 게임 시작을 전달하는 메시지 블록을 추가합니다.

❶ 스프라이트 목록의 우주선을 클릭합니다.
❷ 블록을 추가합니다.

❶ 클릭

 형태 / 이벤트

❷ 블록을 추가

▶ 스페이스 키가 눌렸을 때의 처리를 만듭니다. 위에서 만든 코드 아래에 블록을 추가합니다.

감지
제어
제어
제어

블록을 추가

코드 영역

이것으로 우주선 코드는 완성입니다. 단, 스페이스 키를 눌러도 아직 아무 일도 일어나지 않습니다. 다음은 총알의 코드를 만들어서, 총알이 발사되게 합니다.

총알의 코드를 작성하세요

스페이스 키가 눌렸을 때 발사되는 총알의
코드를 작성합니다.

❶ 스프라이트 목록의 총알을 클릭합니다.
❷ 블록을 나열합니다.

총알은 스페이스가 눌릴 때까지 표시되지 않
도록 합니다.

❷ 블록을 추가

❶ 클릭

우주선이 게임 방법을 설명한 다음, 총알과 로
봇을 동작시키기 위해 ｜메시지1 ▾ 신호를 받았을 때｜ 블록을
이용합니다.

메시지1 ▾ 신호를 받았을 때 ········ 제어

숨기기 ·························· 형태

스페이스 키가 눌렸을 때, 총알을 표시하는
처리를 만듭니다. 복제 블록 등을 사용해
총알을 설정합니다. 블록을 코드 영역에
나열합니다.

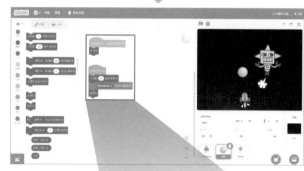

Point 스페이스 키가 눌릴 때마다 클론 블록이 작동해, 총알이 만들어
집니다(나타납니다).

복제의 동작 방식

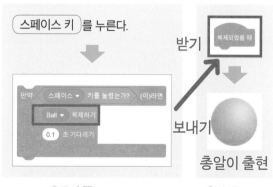

스페이스 키 를 누른다.

받기

복제되었을 때

만약 스페이스 ▾ 키를 눌렀는가? (이)라면

Ball ▾ 복제하기

0.1 초 기다리기

보내기

총알이 출현

우주선 쪽 코드   총알 쪽 코드

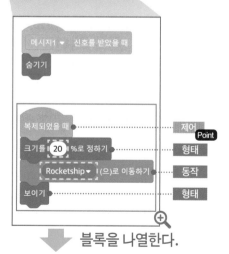

메시지1 ▾ 신호를 받았을 때

숨기기

복제되었을 때 ··············· 제어 **Point**

크기를 20 %로 정하기 ········ 형태

Rocketship ▾ (으)로 이동하기 ··· 동작

보이기 ······················ 형태

블록을 나열한다.

총알을 표시한 다음, 총알이 위로 날아가도록 합니다.
블록을 추가합니다.

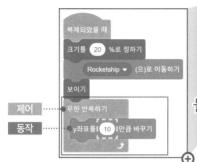

제어 ·····

동작 ·····

블록을 추가

총알이 무대 위까지 도달하면 사라지게 합니다. 블록을 추가합니다.

- 🏳 을 클릭해서 확인해봅시다.
- 🛑 을 클릭하면 프로그램을 정지할 수 있습니다.

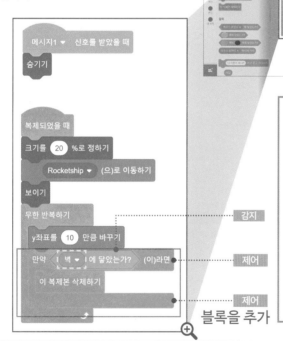

감지

제어

제어

블록을 추가

블록을 조합하는 방법은 여러 가지

스크래치에서는 다른 블록을 조합해서 거의 같은 동작을 실행할 수 있습니다. 이 장에 설명한 총알이 동작을 시작할 때의 설정도 블록 또는  블록으로 할 수 있습니다. 여기서는 메시지를 학습하기 위해 메시지 블록을 사용했습니다.

'복제' 블록이란

복제를 이용하면 프로그램 실행 중에 같은 스프라이트를 복제(copy)할 수 있습니다. 복제되는 것은 코드, 모양, 소리 등이 대상입니다. 단, 각 변수는 각각 복제된 스프라이트별로 갖게 되므로, 이 게임에서 총알은 발사된 만큼 각각 독립적으로 이동합니다.

7 로봇을 움직이는 코드를 만들자

할 수 있다	● 충돌 판정
알 수 있다	● '감지' 카테고리 이용

◉ 총알에 맞았을 때의 처리 '충돌 판정'을 알아 봅시다

슈팅 게임에서는 캐릭터(스프라이트)끼리 충돌했을 때의 처리가 필요합니다. 이처럼 총알이 로봇에 맞았는지 조사하는 처리를 '충돌 판정'이라고 합니다.

　일반적으로 프로그래밍의 충돌 판정은 캐릭터들의 xy 좌표로 판단하므로, 어려운 계산이 필요합니다. 하지만, 스크래치에는 충돌 판정에 이용할 수 있는 편리한 블록이 몇 가지 준비되어 있습니다.

충돌 판정에 이용할 수 있는 블록

■ '감지'에서 판정하는 경우

마우스 포인터 ▼ 에 닿았는가?	마우스포인터에 닿으면 값이 true가 됩니다.
색에 닿았는가?	스프라이트가 지정한 색에 닿으면 값이 true가 됩니다.
색이 색에 닿았는가?	스프라이트의 지정 색이 다른 색에 닿으면 값이 true가 됩니다.

블록의 ▼를 누르면, '벽에 닿았는가' 혹은 '다른 스프라이트에 닿았는가' 등을 선택할 수 있습니다.

마우스 포인터 ▼ 에 닿았는가?
- ✓ 마우스 포인터
- 벽
- Rocketship
- Robot

■ '연산'에서 판정하는 경우

x좌표 = Rocketship ▼ 의 x좌표 ▼	'연산' '동작' '감지'를 조합해서, 스프라이트의 x좌표와 y좌표가 다른 스프라이트의 x좌표와 y좌표와 같아졌을 때 값이 true가 됩니다.
y좌표 = Rocketship ▼ 의 y좌표 ▼	

 로봇을 움직이는 코드

※ 노란색 점선으로 에워싼 부분은 화면 그대로 입력이나 설정을 해주세요.

▶ 로봇의 코드를 작성합니다. 로봇의 크기와 위치를 결정합니다.
❶ 스프라이트 목록의 로봇을 클릭합니다.
❷ 블록을 나열합니다.

❷ 블록을 나열한다.

메시지1 ▼ 신호를 받았을 때	이벤트
크기를 50 %로 정하기	형태
x: 150 y: 100 (으)로 이동하기	동작

❶ 클릭

우주선이 게임 방법을 설명한 뒤, 총알과 로봇을 동작시키기 위해서 `메시지1 ▼ 신호를 받았을 때` 블록을 이용했습니다.

로봇의 움직임을 설정합니다. 블록을 추가합니다.

블록을 추가

블록 팔레트

로봇이 총알에 맞았을 때의 처리

 로봇이 총알에 맞으면, 색이 변하도록 합니다.

❶ 스프라이트 목록의 로봇을 클릭합니다.
❷ 블록을 추가합니다.

· ▶을 클릭해서 확인해 봅시다.
· 로봇이 총알에 맞은 것을 알 수 있도록, 로봇의 색을 25씩 바꿉니다.
· 총알이 로봇에 닿아 있는(통과하는) 동안은 로봇의 색이 계속 바뀝니다.
· ●을 클릭하면, 프로그램을 정지할 수 있습니다.

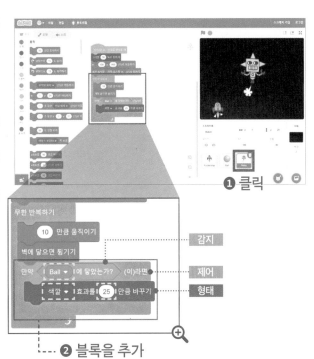

❶ 클릭

감지 / 제어 / 형태

❷ 블록을 추가

객체 지향 프로그래밍

복잡한 시스템에 대응하기 위하여 1960년대에 제창된 개념인 객체(Object) 지향을 도입한 프로그래밍 언어를 말합니다.

소프트웨어의 재개발을 방지하고자 부품화와 재사용을 실현하는 클래스, 상속, 다형성, 다이내믹 바인딩 등의 기능을 실현했습니다.

스크래치에도 그런 철학이 반영되어 있습니다. 복제는 상속의 일부이며, 각 스프라이트는 객체를 구현했습니다. 객체끼리는 메시지를 이용해서 연계합니다.

스크래치는 자연스럽게 최신 프로그래밍 언어의 개념을 학습할 수 있는 좋은 환경의 하나이기도 합니다.

8 점수를 표시하자

| 할 수 있다 | ● 변수 지정 |
| 알 수 있다 | ● 변수 이용 |

● 변수의 구조를 알아 봅시다

게임의 점수를 계산려면, 숫자를 기억해 두어야만 합니다.

프로그램에서 숫자나 문자를 기억하고, 이용 및 재이용하기 위해서 **변수**를 사용합니다.

스크래치나 다른 프로그래밍 언어에도 변수 있습니다. 변수를 사용하면, 복잡한 계산을 하거나 프로그램의 상태를 기억할 수 있습니다.

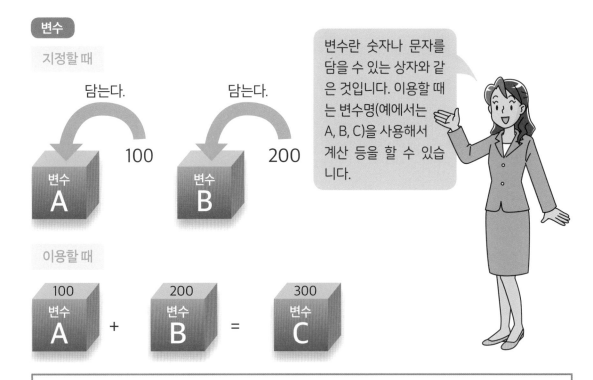

변수란 숫자나 문자를 담을 수 있는 상자와 같은 것입니다. 이용할 때는 변수명(예에서는 A, B, C)을 사용해서 계산 등을 할 수 있습니다.

변수와 리스트

변수에는 하나의 숫자나 문자를 넣을 수 있습니다.

반면에, 리스트에는 여러 개의 숫자와 문자를 넣을 수 있습니다. 자세한 것은 8장에서 설명합니다.

스크래치의 변수

스크래치에서 변수를 만들기 위해서는 블록 팔레트의 '변수' 카테고리에서 '변수 만들기'나 '리스트 만들기'를 사용합니다.

하나의 변수명에 하나의 숫자나 문자를 넣어서 이용한다.

여러 개의 숫자나 문자를 리스트에 넣어서 이용한다. 이용할 때는 리스트의 몇 번째인지 지정한다.

게임에 점수를 표시합시다

점수를 넣기 위한 변수를 만듭니다.

❶ 스프라이트 목록의 로봇을 클릭합니다.
❷ '변수' 카테고리를 클릭합니다.
❸ '변수 만들기'를 클릭합니다.
❹ '점수'라고 입력합니다.
❺ 'OK'를 클릭합니다.

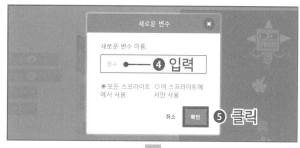

❶ 블록 팔레트에 '점수'라는 변수 블록이 추가됩니다.
❷ '점수' 변수 옆에 있는 체크 마크를 클릭해, 체크된 상태로 만듭니다.
❸ 무대에 '점수'가 표시됩니다.

체크 기호는 클릭으로 전환됩니다. 체크 기호를 해제하면, 무대의 점수 표시도 사라집니다.

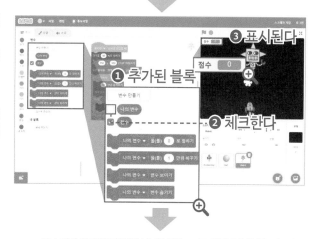

※ 노란색 점선으로 에워싼 부분은 화면 그대로 입력이나 설정을 해주세요.

로봇에 총알이 맞았을 때 점수를 더하는 코드를 만듭니다.
두 개의 블록을 추가해 숫자를 입력합니다.
이것으로 게임이 완성되었습니다.

• ▶을 클릭해서 확인해 봅시다.
• 총알이 로봇을 통과하는 동안은 충돌로 판정되어 점수가 더해집니다.
• ●을 클릭하면, 프로그램을 정지할 수 있습니다.

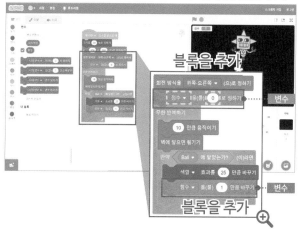

9 자신만의 아이디어를 추가해 보자

| 할 수 있다 | ● 코드 정지 |
| 알 수 있다 | ● 게임의 종료 조건 설정 |

게임은 이제 완성했지만, 어딘가 조금 부족합니다. 자신의 아이디어를 추가해 봅시다.

아이디어 1 '점수'가 20점이 되면, 게임을 종료한다.

▶ 점수가 20점이 되면 로봇이 '졌다!'라고
표시하고 게임을 종료합니다.

❶ 스프라이트 목록의 로봇을 클릭합니다.
❷ 블록을 추가하고 표시할 문구 등을 입력
합니다.

※ 노란색 점선으로 에워싼 부분은 화면 그대로 입력이나 설정을 해주세요.

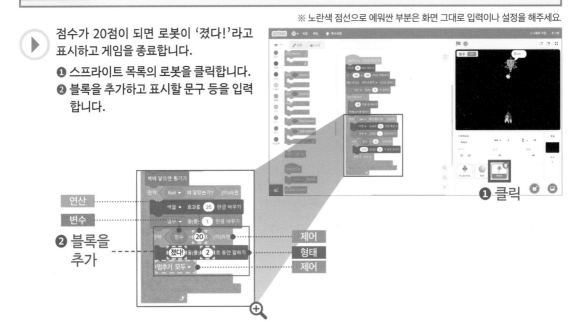

연산
변수
❷ 블록을
추가

제어
형태
제어

❶ 클릭

아이디어 2 로봇이 총알을 쏜다. 로봇이 쏜 총알에 맞으면 게임이 끝난다.

▶ 로봇이 쏠 총알을 스프라이트 목록에 추가
합니다. 우주선의 총알과 구분하기 위해,
총알의 색을 바꿉니다.

❶ 스프라이트 목록의 총알(Ball)을 우클
릭합니다.
❷ '복사'를 클릭합니다.
❸ 스프라이트 목록의 복사된 총알을 클릭
합니다.
❹ '모양' 탭을 클릭합니다.
❺ 파란색 총알을 클릭합니다.

❹ 클릭
❺ 클릭
❸ 클릭

❶ 우클릭
복사   ❷ 클릭
내보내기
삭제

▶ 파란색 총알의 코드를 변경해서, 로봇에서 총알이 발사되도록 합니다.

❶ 코드 탭을 클릭합니다.
❷ 코드의 일부를 변경합니다.

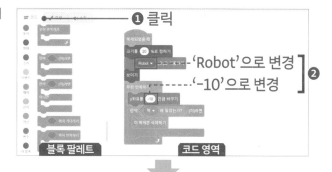

❶ 클릭

'Robot'으로 변경
'-10'으로 변경 ❷

블록 팔레트　　코드 영역

▶ 우주선이 쏜 총알이 로봇에 맞으면 로봇이 총알을 반격도록 합니다.

❶ 스프라이트 목록의 로봇(Robot)을 클릭합니다.
❷ 블록을 추가하고 'Ball2'로 설정합니다.

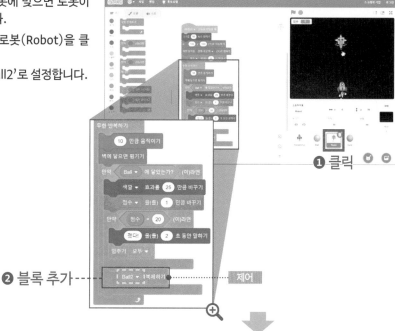

❶ 클릭

❷ 블록 추가 ---- 제어

▶ 로봇이 쏜 총알이 우주선에 맞으면, 게임은 끝납니다.

❶ 스프라이트 목록의 우주선(Rocket-ship)을 클릭합니다.
❷ 블록을 추가합니다.

• 🏴을 클릭해서 동작시켜 봅시다.
• ⬤을 클릭하면, 프로그램을 정지할 수 있습니다.

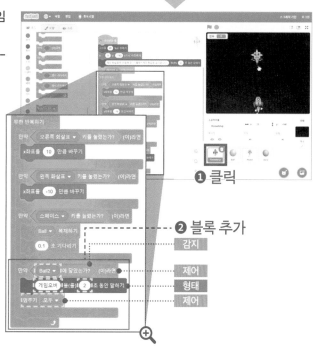

❶ 클릭

❷ 블록 추가
감지
제어
형태
제어

이 '충돌 판정'에서는 총알이 로봇을 통과하는 동안, 계속 충돌로 판정됩니다. 충돌 판정을 다른 스프라이트로 변경하는 등 연구해 보면, 총알과 로봇이 한 번 닿았을 때 총알이 사라지게 할 수도 있으므로 도전해 보세요.

가정용 게임의 역사 ~ 여명기부터 현재까지 ~

가정용 컴퓨터 게임은 컴퓨터가 일반 가정에 보급되면서 시작되었고, 오늘날에는 다양한 하드웨어(기기)와 소프트웨어(앱)가 개발되었습니다. 가정용 컴퓨터 게임의 역사를 살펴보겠습니다.

전용 게임기

세계 최초의 가정용 게임기는 미국에서 1972년에 발매된 ODYSSEY (오디세이)라고 합니다. ODYSSEY는 정해진 게임만 실행되는 전용 게임기였습니다. 그 후로 1977년에 카트리지 교체형 아타리2600이 발매되면서 카트리지 교체형 게임기가 확산되었습니다.

휴대가 편리하지만, 한 가지 게임만 할 수 있다.

한편으로, 전용 게임기는 가지고 다니기 편리한 게임 워치 등으로 소형화가 진행되었습니다. 게임 소프트웨어는 게임 기기의 성능에 한계도 있어, 시뮬레이션 게임이나 퍼즐 게임, 액션 게임이 중심이었습니다.

카트리지 교체형

전용 게임기에서는 한 가지 게임이나 여러 개의 정해진 게임만 할 수 있었지만, 카트리지 교체형 게임기의 등장으로 카세트나 카트리지를 교환하면 다양한 게임을 이용할 수 있게 되었습니다. 특히 1983년에 발매된 닌텐도의 패미컴은 1,200 종류 이상의 카트리지가 발매되어 가정용 게임기의 붐을 만들어냈습니다.

카트리지를 교환하면 다양한 게임을 즐길 수 있다.

게임기의 성능도 향상되어 사진이나 동영상 등을 넣은 소프트웨어도 다수 발매되었습니다. 또한, 롤플레잉 게임이 크게 유행하여 사회 현상까지 되었습니다.

고도화와 휴대성의 양극화

게임기의 성능이 높아지면서 3D 그래픽이나 고도의 움직임을 적용한 게임이 늘어났고, 스마트폰 등의 등장으로 언제 어디서나 게임을 즐길 수 있는 시대가 되었습니다. 집에서는 고성능 게임, 밖에서는 스마트폰 게임으로 양극화가 일어났습니다.

출처: HTC

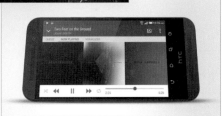

가정용 게임은 고도화와 휴대성으로 양극화하고 있다.

소프트웨어 면에서도 인터넷의 보급으로 협력해서 전투하거나 전세계 플레이어와 경쟁할 수 있는 게임이 많아졌습니다. 또한 가상현실 등 최신 기술이 게임에 도입되고 있습니다.

5장

미니 게임을 만들어 보자

이 장에서는 다양한 미니 게임을 만듭니다. 미니 게임을 제작함으로써 키보드, 마우스, 난수, 숫자, 소리 등을 다루는 방법이나 스크래치의 다양한 기능(블록의 종류)을 학습합니다. 다음은 각 절의 게임과 사용하는 블록의 종류를 대응한 표입니다.

사용하는 블록	5-1 사과 잡기	5-2 공 피하기	5-3(1) 신기한 그림	5-3(2) 풍선 쫓기	5-4 숫자 맞추기	5-5 소리 맞추기
동작	○	○	○	○	-	-
모양	○	○	-	○	○	○
소리	-	-	-	○	-	-
이벤트	○	○	○	○	○	○
제어	○	○	○	○	○	○
감지	○	○	-	○	○	○
연산	-	-	○	-	○	○
변수	-	-	-	-	○	○
블록 정의	-	-	-	-	-	○
음악	-	-	-	-	-	○
펜	-	-	○	-	-	-

1 마우스를 쫓아가는 게임

할 수 있다 · 마우스 처리
알 수 있다 · 마우스와 스프라이트의 연동

● 무대 위 스프라이트의 좌표를 알아 봅시다

스크래치에서는 무대 위 스프라이트의 좌표가 무대 아래에 표시됩니다. 스프라이트를 움직여 좌표를 확인해 봅시다. 스프라이트를 움직이는 방법은 **2-3**(34페이지)를 참조하세요.

스크래치에서는 화면의 크기(좌표)가 아래 그림처럼 정해져 있습니다. 중심이 (0, 0)이고, 좌우 너비가 480, 상하 높이가 360으로 되어 있습니다.

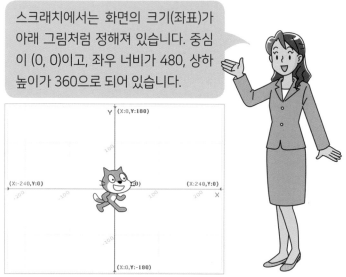

● 마우스와 관련된 블록

마우스와 관련된 블록은 '동작'과 '감지' 카테고리에 있습니다.

특히 〔마우스 포인터 ▾ (으)로 이동하기〕 블록은 스프라이트의 위치가 마우스 포인터의 위치와 같아집니다. 여기서는 이들 블록을 이용하는 게임을 만들어 봅시다.

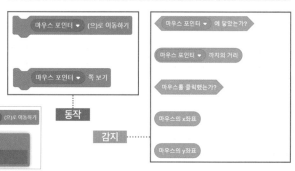

마우스 관련 블록

Point '마우스 포인터로 이동하기'가 보이지 않을 때는 '~(으)로 이동하기' 블록의 ▼를 클릭하면 찾을 수 있습니다.

'사과 잡기 게임'의 규칙과 흐름

1) 고양이와 사과가 등장합니다.
2) 사과는 마우스 포인터를 따라 움직입니다.
3) 고양이는 사과를 쫓아갑니다.
4) 마우스로 사과를 조종해, 고양이로부터 도망칩니다.
5) 고양이가 사과를 잡으면, '잘 먹겠습니다!'라고 말하고 게임을 끝냅니다.

사과 잡기 게임을 만들어 보자

무대 배경을 결정합니다.
❶ (배경 고르기)를 클릭합니다.
❷ '배경 고르기'에서 'Blue Sky2'를 클릭합니다.

※ 노란색 점선으로 에워싼 부분은 화면 그대로 입력이나 설정을 해주세요.

고양이를 움직이는 코드를 작성합니다. 고양이가 마우스 쪽을 향하게 합니다.

❶ 스프라이트 목록의 고양이를 클릭합니다.
❷ 블록을 나열합니다.

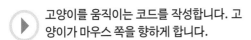을 클릭해서 마우스의 움직임을 따라오는 것을 확인합시다.

Point 모양 탭을 클릭하면, 왼쪽 목록에 고양이 모양 두 개가 표시됩니다(2-7(45페이지)참조). 이 두 모양이 번갈아 표시되므로써 고양이가 걷는 것처럼 보입니다.

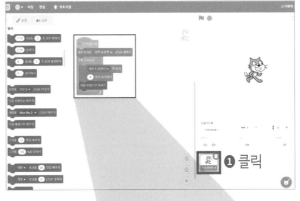

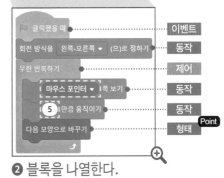

❷ 블록을 나열한다.

▶ 클릭했을 때	이벤트
회전 방식을 왼쪽-오른쪽 ▼ (으)로 정하기	동작
무한 반복하기	제어
마우스 포인터 ▼ 쪽 보기	동작
5 만큼 움직이기	동작
다음 모양으로 바꾸기	형태 Point

고양이가 쫓아갈 사과를 만듭니다.
❶ (스프라이트 고르기)를 클릭합니다.
❷ '스프라이트 고르기'에서 사과(Apple)를 클릭합니다.
❸ 스프라이트 목록의 사과를 클릭합니다.

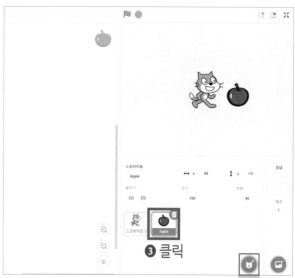

 사과의 코드를 작성합니다. 마우스 포인터에 사과가 달라붙도록 합니다. 블록을 나열합니다.

· 사과의 코드는 완성입니다.

· ▶을 클릭해서 마우스 포인터에 사과가 붙는지 확인해 보세요.

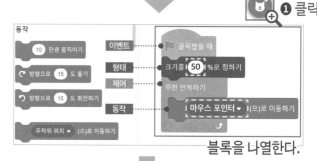

블록을 나열한다.

 고양이가 사과에 닿으면, '잘 먹겠습니다'라고 표시하고 게임을 종료하기로 합니다.
❶ 스프라이트 목록의 고양이를 클릭합니다.
❷ 블록을 추가합니다.

· 고양이의 코드도 완성입니다.

· ▶을 클릭해서 동작시켜 봅시다. 고양이가 사과에 닿으면 대사를 말하고 종료합니다.

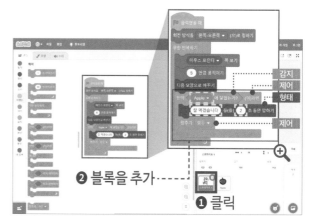

❷ 블록을 추가

● **도전해 보세요**

 고양이의 수를 늘린다

'복사'를 이용해 고양이를 두 마리로 늘려보세요.

시작할 때 고양이 위치를 지정합니다

두 마리 고양이를 처음에는 맨 아래 양 끝에 두고, 거기서부터 사과를 쫓아오게 하세요.

고양이의 적을 늘립니다.
❶ 스프라이트 목록의 고양이를 우클릭합니다.
❷ '복사'를 클릭합니다.

스프라이트 목록과 무대에 '스프라이트2'가 생깁니다.
스프라이트를 복사하면, 코드와 모양, 소리도 복사됩니다.

'스프라이트 1'의 시작 위치를 지정합니다.
❶ 스프라이트 목록의 '스프라이트 1'을 클릭합니다.
❷ 블록을 추가하고 값을 입력합니다.
여기서는 '스프라이트 1'의 시작 위치 좌표를 (-180, -125)로 지정했습니다.

'스프라이트 2'의 시작 위치를 지정합니다.
❶ 스프라이트 목록의 '스프라이트 2'를 클릭합니다.
❷ 블록을 추가하고 값을 입력합니다.
• 🚩을 클릭해서 동작시켜봅시다.
• 여기서는 '스프라이트 2'의 시작 위치 좌표를 (180, -125)로 지정했습니다.
• 두 고양이가 걷는 속도를 다르게(5와 10 등) 지정하면, 게임이 더욱 재미있어집니다.

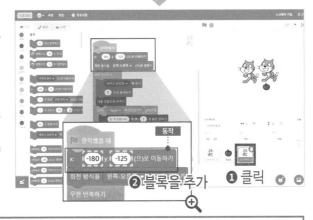

블록을 분리하는 요령
블록을 분리할 때는 드래그한 블록의 아래 쪽이 모두 분리됩니다.

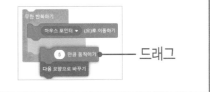

2 키보드로 스프라이트를 움직여 보자

할 수 있다	● 키보드 처리
알 수 있다	● 키보드 입력

● 스크래치에서 이용할 수 있는 키보드

키보드는 문자를 입력할 때 이용하는 장치입니다. 게임에서 명령(커맨드)을 입력하기도 하고 슈팅 게임이나 액션 게임에서는 화살표를 이용하기도 합니다.

스크래치에서는 상하좌우 화살표 키와 스페이스 키, 알파벳 a~z와 숫자 0~9까지 이용할 수 있습니다. 또한 '어느 키가 눌렸는가'도 판단할 수 있습니다.

● 키보드와 관련된 블록

키보드가 눌렸을 때 처리하기 위한 블록은 '이벤트'와 '감지' 카테고리에 있는 오른쪽 그림과 같은 블록입니다.

또한, 사용자가 문자를 입력할 때는 '**라고 묻고 기다리기'라는 블록을 사용합니다. 사용자가 입력한 문자는 '대답'이라는 블록에 저장됩니다. '대답' 블록은 일종의 변수입니다. 변수에 관해서는 **4-7**(84페이지)를 참조하세요.

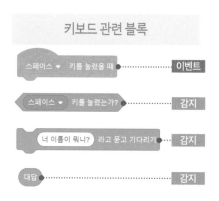

키보드 관련 블록

스페이스 ▼ 키를 눌렀을 때 ⋯⋯⋯⋯ 이벤트

스페이스 ▼ 키를 눌렀는가? ⋯⋯⋯⋯ 감지

너 이름이 뭐니? 라고 묻고 기다리기 ⋯⋯⋯ 감지

대답 ⋯⋯⋯⋯⋯⋯⋯⋯⋯⋯⋯⋯⋯⋯ 감지

축구공 피하기 게임의 규칙과 흐름

1) 고양이와 축구공이 등장합니다.
2) 축구공은 좌우로 자동으로 움직입니다. 벽에 부딪히면 반대편으로 움직입니다.
3) 고양이를 키보드로 조종하여 축구공을 피합니다.
4) 고양이는 스페이스 키를 누르는 동안 점프합니다.
5) 축구공에 부딪히면 게임은 끝이 납니다.

날아오는 축구공 피하기 게임을 만들어 보자

무대 배경을 결정합니다.
❶ (배경 고르기)를 클릭합니다.
❷ '배경 고르기'에서 'Blue Sky'를 클릭합니다.

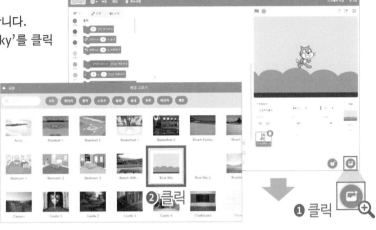

❷ 클릭

❶ 클릭

※ 노란색 점선으로 에워싼 부분은 화면 그대로 입력이나 설정을 해주세요.

고양이를 움직이는 코드를 작성합니다. 우선, 스페이스 키가 눌렸을 때의 처리입니다.
❶ 스프라이트 목록의 고양이를 클릭합니다.
❷ 블록을 나열하고 값을 입력합니다.
• 스페이스 키가 눌렸을 때, 고양이는 위로 이동합니다.
• 고양이가 위에까지 가면 지면으로 내려오도록 했습니다.

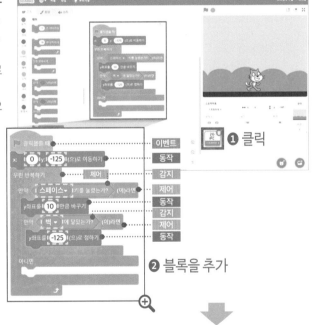

❶ 클릭

이벤트
동작
제어
제어
동작
감지
제어
동작

❷ 블록을 추가

스페이스 키가 눌려 있지 않을 때의 처리를 작성합니다. 블록을 추가합니다.
• 스페이스 키가 눌려 있지 않을 때, 고양이는 아래로 이동합니다.
• 고양이가 지면보다 아래로 가지 않게 합니다.
• ▶을 클릭해서 동작시켜봅시다.

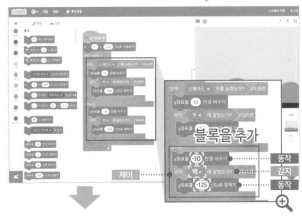

블록을 추가

제어

동작
감지
동작

축구공 스프라이트를 추가합니다.
❶ 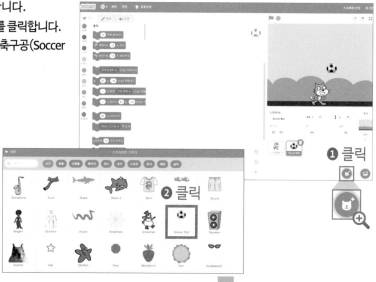 (스프라이트 고르기)를 클릭합니다.
❷ '스프라이트 고르기'에서 '축구공(Soccer Ball)'을 클릭합니다.

❶ 클릭

❷ 클릭

축구공의 코드를 작성합니다. 축구공을 움직이는 처리를 만듭니다. 블록을 나열하고 값을 입력합니다.

Point 공의 빠르기는 공의 코드에서
의 값을 변경해서 조정할 수 있습니다.

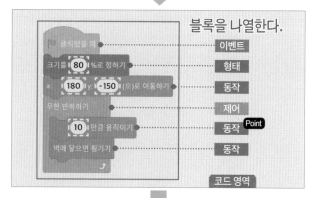

블록을 나열한다.

이벤트
형태
동작
제어
동작 **Point**
동작

코드 영역

축구공과 고양이가 충돌했을 때의 처리를 작성합니다. 블록을 추가하고 문자를 입력합니다.

을 클릭해서 동작시켜봅시다.

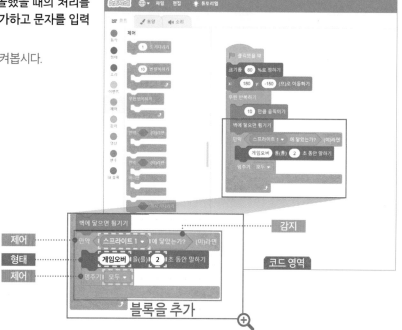

감지
제어
형태
제어
코드 영역

블록을 추가

도전해 보세요

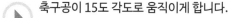

축구공과 고양이의 움직임을 복잡하게 만들기
축구공이 여러 방향으로 움직이게 합니다. 또 화살표 키로 고양이가 좌우로도 움직이게 합니다.

▶ 축구공이 15도 각도로 움직이게 합니다.
　❶ 스프라이트 목록의 축구공을 클릭합니다.
　❷ 블록을 추가합니다.

▶ 오른쪽 화살표 키가 눌렸을 때, 고양이가 오른쪽으로 움직이게 합니다. 블록을 추가합니다.
　❶ 스프라이트 목록의 고양이를 클릭합니다.
　❷ 블록을 추가합니다.

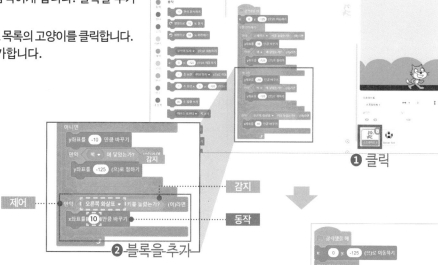

▶ 왼쪽 화살표 키가 눌렸을 때, 고양이가 왼쪽으로 움직이게 합니다. 블록을 추가하고 값을 입력합니다.

　　을 클릭해서 동작시켜봅시다.

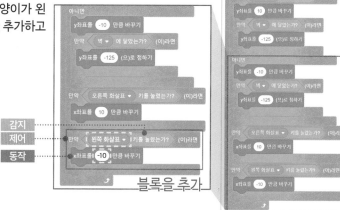

3 우연을 즐겨 보자

할 수 있다	● 난수를 이용한 처리
알 수 있다	● 난수, 펜

● 게임에서 난수를 이용하는 방법을 알아 봅시다

모든 프로그래밍 언어에는 **어떤 범위**의 수 중에서 임의의 수를 결정하는 방법이 준비되어 있습니다. 이 '임의'로 나오는 수치를 가리켜 '**난수**'라고 부릅니다. **랜덤**한 수라고도 합니다. 예를 들어, 주사위는 1에서 6 사이의 숫자를 무작위로 선택할 수 있습니다.

프로그램에서 난수는 수치의 범위를 지정할 수 있는 주사위로 생각해도 좋습니다.

난수는 게임에서 아주 중요합니다. 캐릭터가 랜덤하게 등장할 때나 주사위를 이용하는 게임에서도 사용됩니다. 게임에서 난수를 이용함으로써 재미를 연출하는 것입니다.

● 난수와 관련된 블록

난수와 관련된 블록은 '연산' 카테고리 안에 있습니다. 기본적으로 정수를 취급하지만, 지정하는 수치에 소수점이 포함되어 있으면, 소수점이 들어간 난수 값을 반환합니다.

'동작' 카테고리에도 난수처럼 이용할 수 있는 블록이 있습니다. [무작위 위치로 이동하기] 블록입니다. 이 블록은 스프라이트의 위치가 랜덤하게 정해집니다.

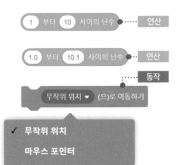

난수를 사용한 게임을 두 개 만들어 봅시다.

> **'신비한 그림 게임'의 규칙과 흐름**
>
> 1) 고양이가 임의로 움직입니다.
> 2) 고양이의 움직임에 맞춰 선을 그립니다.
> 3) 그 선의 색은 난수로 결정합니다.
> 4) 한참을 하다보면 신비한 그림이 완성됩니다.
>
>

> **'풍선 추적 게임'의 규칙과 흐름**
>
> 1) 풍선이 랜덤한 위치에 나타납니다.
> 2) 막대는 마우스로 조종합니다.
> 3) 막대가 풍선에 닿으면 풍선의 색이 변합니다.
>
>

신비한 그림 게임을 만들어 보자

※ 노란색 점선으로 에워싼 부분은 화면 그대로 입력이나 설정을 해주세요.

 '신비한 그림'을 그릴 준비(초기화)를 합시다.

- 무대의 배경은 변경하지 않습니다. 하얀색 배경(배경1)을 그대로 이용합니다.

❶ (확장 기능 추가하기)를 클릭합니다.
❷ '확장 기능 고르기'에서 펜을 클릭합니다.
❸ 블록을 나열하고 수치를 입력합니다.

- 펜의 색이나 굵기 등은 적당한 값으로 해도 상관없습니다.

Point '모두 지우기' 블록이 없으면 이전에 실행한 결과(그림)가 남습니다.

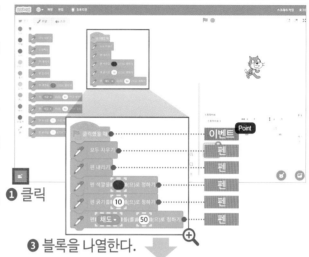

❸ 블록을 나열한다.

 동작과 색을 결정하는 코드를 만듭니다. 블록을 추가합니다.

을 클릭해서 동작시켜봅시다.

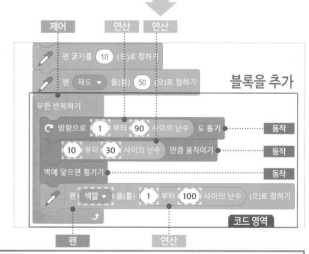

펜의 색깔 설정하기

펜은 '색깔', '채도', '명도', '투명도'를 지정할 수 있습니다. 색깔 부분을 클릭하면, 색깔 설정 화면이 표시되므로 슬라이드 를 드래그해서 설정합니다. 스포이드를 클릭하면, 무대 위의 색깔을 지정할 수 있습니다.

또한, 블록에 수치를 입력해도 색깔을 설정할 수 있습니다.

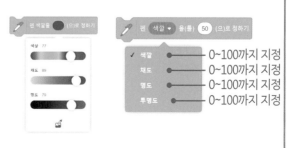

● 도전해 보세요

고양이 수를 늘려 봅시다.

▶ 고양이 수를 늘립니다.
  ❶ 스프라이트 목록의 고양이를 우클릭합니다.
  ❷ '복사'를 클릭합니다.

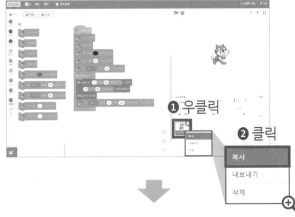

▶ 스프라이트를 복사하면, 코드도 동시에 복사되는 것을 확인합니다.

  📫 을 클릭해서 동작시켜봅시다.

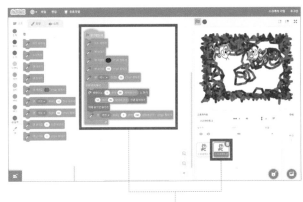

확인

펜 카테고리의 〔🖊 도장찍기〕 블록

  '펜' 카테고리의 '도장찍기' 블록으로 스프라이트의 그림을 도장을 찍듯이 여러 개 그릴 수 있습니다. '복사'와 달리, 그림만 원하는 곳에 그립니다.

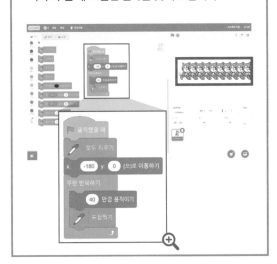

무대에 그려진 '펜'을 삭제하는 〔🖊 모두 지우기〕

  '펜' 카테고리에는 '모두 지우기'라는 블록이 있습니다. 무대에 펜으로 그린 것을 모두 지울 수 있습니다.

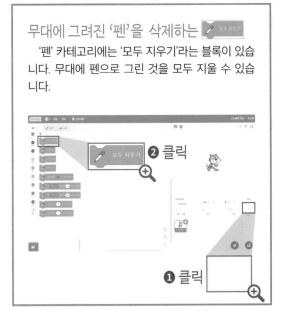

풍선 잡기 게임을 만들어 보자

 무대 배경을 결정하고, 고양이를 삭제합니다.
❶ (배경 고르기)를 클릭해서 '배경 고르기'에서 'Wall 1'을 선택합니다.
❷ 스프라이트 목록의 고양이를 클릭합니다.
❸ 을 클릭해서 고양이를 삭제합니다.

❸ 클릭해서 삭제
❷ 클릭
❶ 클릭

마술봉과 풍선 스프라이트를 추가합니다.
❶ (스프라이트 고르기)를 클릭해서, '스프라이트 고르기'에서 'Wand'와 'Ballon 1'을 선택합니다.
❷ 스프라이트 목록에 마술봉과 풍선이 추가됩니다.

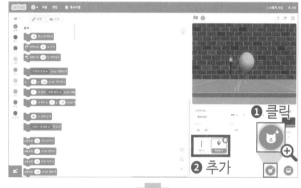

❶ 클릭
❷ 추가

※ 노란색 점선으로 에워싼 부분은 화면 그대로 입력이나 설정을 해주세요.

 마술봉의 코드를 작성합니다.
❶ 스프라이트 목록의 마술봉(Wand)을 클릭합니다.
❷ 블록을 나열합니다.

❷ 블록을 나열한다.

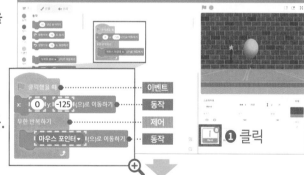

이벤트
동작
제어
동작

❶ 클릭

 풍선의 코드를 작성합니다.
❶ 스프라이트 목록의 풍선을 클릭합니다.
❷ 블록을 나열합니다.
· 을 클릭해서 동작시켜 봅시다.
· 게임을 종료할 때는 을 클릭합니다.
· 마술봉이 풍선에 닿으면 풍선의 색이 변하고 소리가 납니다.

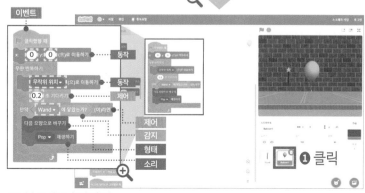

이벤트
동작
동작
제어
제어
감지
형태
소리

❶ 클릭

 ❷ 블록을 나열한다.

4 수를 활용해 보자

| 할 수 있다 | ● **연산** |
| 알 수 있다 | ● **변수** |

곱하기과 나누기 기호는 초등학교에서 배운 기호와 다르네.

● 수의 연산을 알아 봅시다

컴퓨터에서는 아래와 같이 수를 다루기 위한 연산 기능이 준비되어 있습니다.

■ 사칙연산

더하기는 '+', 빼기는 '-', 곱하기는 '*', 나누기는 '/' 기호를 이용합니다.

> ㉠ 2 + 3   2 - 3   2 * 3   2 / 3

■ 비교연산

값을 비교할 때는 부등호를 이용합니다. 이 기호를 이용할 때는 계산이 아니라 비교해서 그 결과가 참인지 거짓인지 조사합니다.

크다 > 작다   작다 < 크다   같다 = 같다

> ㉠ 3 > 2 → 참   3 < 2 → 거짓

■ 수치계산

사칙연산 이외에 자주 이용하는 것입니다.

A를 B로 나눈 나머지

> ㉠ 3 % 2 → 1

■ 논리연산

이 밖에도 컴퓨터에서 필수적인 연산이 논리연산입니다.

A 그리고 B	A와 B 양쪽
A 또는 B	A나 B 중 하나
A가 아니다	A 이외

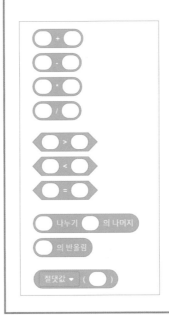

스크래치 연산

스크래치에 준비되어 있는 '연산'에는 중학교나 고등학교, 그리고 대학교에서 배우는 내용이 포함되어 있습니다.

절댓값
버림
올림
제곱근
sin
cos
tan
asin
acos
atan
ln
log
e ^
10 ^

나누기 ◯ 의 나머지
◯ 의 반올림
절댓값 ▼ (◯)

'숫자 맞추기 게임'의 규칙과 흐름

1) 고양이가 1부터 100까지의 랜덤한 숫자를 떠올립니다.
2) 고양이가 사용자의 입력을 기다립니다.
3) 사용자는 정답이라고 생각한 수를 입력합니다.
4) 만약 정답이라면 '정답!'이라고 말합니다.
5) 정답이 아닐 때는 '땡!'이라고 말합니다.

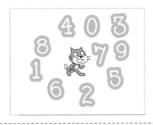

숫자 맞추기 게임을 만들어 보자

무대의 배경을 결정합니다.
❶ 🖼 (배경 고르기)를 클릭해서 '배경 고르기'에서 'School'을 선택합니다.
❷ 무대에 배경이 삽입됩니다.

❷ 배경이 들어간다.

❶ 클릭해서 배경을 고른다.

고양이가 생각한 수를 넣을 변수를 만듭니다.
❶ 스프라이트 목록의 고양이를 클릭합니다.
❷ '변수' 카테고리를 클릭합니다.
❸ [변수 만들기]를 클릭합니다.
❹ 새로운 변수 이름에 '숫자'라고 입력합니다.
❺ [확인]를 클릭합니다.

❻ 해제   ❸ 클릭

변수 만들기

나의 변수

숫자

작성한 변수

❷ 클릭   ❶ 클릭

새로운 변수

새로운 변수 이름: ❹ 입력

숫자

◉ 모든 스프라이트   ○ 이 스프라이트에
에서 사용   서만 사용

취소   확인

❺ 클릭

고양이가 생각하는 수를 난수로 만듭니다.
그리고, 고양이에게 퀴즈를 내게 합니다.
블록을 나열합니다.

> **Point** 난수를 '1부터 10까지'로 하면 숫자를 맞추기 쉬워집니다.

※ 노란색 점선으로 에워싼 부분은 화면 그대로 입력이나 설정을 해주세요.

블록을 나열한다.

Point

연산
이벤트
변수
형태

클릭했을 때

숫자 ▾ 을(를) 1 부터 100 사이의 난수 로 정하기

1부터 100 사이의 숫자를 맞춰보세요 을(를) 2 초 동안 말하기

코드 영역

사용자가 입력한 수와 고양이가 생각한 수가 같은지 판정하고, 결과를 표시하도록 합니다.

🚩 을 클릭해서 동작시켜 봅시다. 고양이가 "뭘까~요"라고 말한 후, 무대에 입력란이 표시됩니다. 숫자를 입력하고 ✅ 를 클릭하세요.

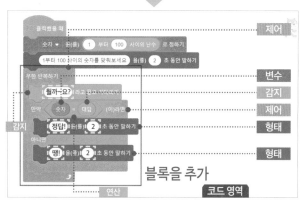

클릭했을 때

숫자 ▾ 을(를) 1 부터 100 사이의 난수 로 정하기   제어

1부터 100 사이의 숫자를 맞춰보세요 을(를) 2 초 동안 말하기

무한 반복하기   변수

뭘까~요? 라고   감지

만약 숫자 = 대답 (이)라면   제어

정답! 을(를) 2 초 동안 말하기   형태

아니면

땡! 을(곽) 2 초 동안 말하기   형태

감지

연산   블록을 추가

코드 영역

'숫자 맞추기 게임'의 규칙을 추가하기

6) 사용자가 입력한 수가 고양이가 생각한 수보다 클 때는 "커요."라고 말하고, 작을 때는 '작아요.'라고 말합니다.

사고 방식은 크거나 작거나 둘 중 하나이므로, '만약 ~ 라면 ~ 아니면' 블록을 이용하면 간단히 만들 수 있습니다.

▶ 틀렸을 경우의 처리를 추가합니다. 블록을 추가합니다.

 블록 아래에 블록을 넣습니다.

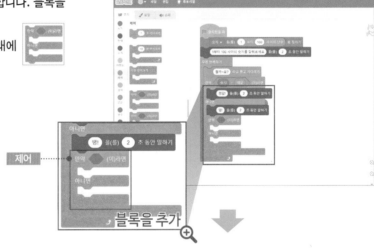

제어 ·········

블록을 추가

▶ 사용자가 입력한 수가 정답보다 작으면 '작아요', 크면 '커요'라고 메시지를 표시하게 합니다. 블록을 추가하고 메시지를 입력합니다.

대답 사용자가 입력한 숫자
숫자 정답(고양이가 생각한 숫자)

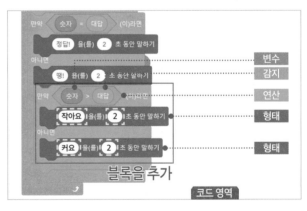

변수
감지
연산
형태
형태

블록을 추가

코드 영역

변수와 리스트의 이용 범위

프로그래밍에서는 변수나 리스트를 이용함으로써 복잡한 처리를 할 수 있습니다. 변수는 하나의 수치나 문자를, 리스트는 여러 개의 수치와 문자를 다룰 수 있습니다.

또한, 만든 변수나 리스트를 이용할 수 있는 범위를 지정할 수 있습니다. '모든 스프라이트에서 사용'으로 지정하면, 어느 스프라이트에서나 이용할 수 있습니다. 반면에 스프라이트마다 범위를 지정해서 이용할 경우에는 '이 스프라이트에서만 사용'으로 지정합니다.

● 도전해 보세요

'숫자 맞추기' 게임의 규칙을 변경한다

7) 다섯 번 틀리면 게임을 종료합니다.
8) 마지막엔 정답을 표시합니다.

▶ 틀린 횟수를 세는 변수를 만듭니다.
❶ '변수' 카테고리를 클릭합니다.
❷ '변수 만들기'를 클릭합니다.
❸ 새로운 변수 이름으로 '틀린 횟수'라고 입력합니다.
❹ [확인]을 클릭합니다.
❺ 변수가 만들어졌습니다.

체크 표시는 해제하지 말고 그대로 둡니다.

❻ 무대에는 '틀린 횟수'가 표시됩니다.

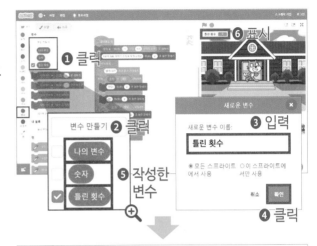

▶ 틀린 횟수를 셀 수 있는 코드를 추가합니다.
❶ [틀린 횟수 ▾ 을(를) 0 로 정하기] 블록을 넣어 초기화(변수의 값을 0으로)합니다.
❷ [틀린 횟수 ▾ 을(를) 1 만큼 바꾸기] 블록을 넣어 틀린 횟수를 셉니다.

변수를 새로 만들었을 때는 반드시 초기화(변수의 값을 0으로)합시다. 변수의 값을 증가시키는 위치도 생각합니다. 여기서는 '땡'이라고 말한 다음입니다.

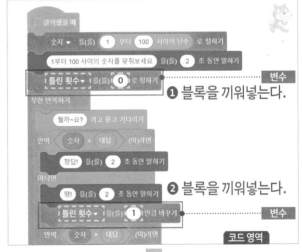

▶ 다섯 번 틀리면, '게임 오버'라고 표시하고 정답을 알려줍니다. 블록을 추가하고, 표시할 문자를 입력합니다.

• '만약~라면' 블록이 잘 들어가지 않을 때는
 블록을 일단 떼어내고 그 위에 붙여보세요.
• ⚑ 을 클릭해서 동작시켜봅시다.
숫자를 입력하고 ✓ 를 클릭합니다.

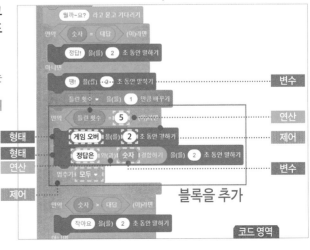

5 소리를 다루어 보자

할 수 있다	● 소리, 음악
알 수 있다	● 음계와 음의 번호

● 어떤 소리를 다룰 수 있는지 알아 봅시다

스크래치에서 다룰 수 있는 소리에는 '소리'와 '음악'이 있습니다. '소리'는 고양이의 울음 소리 등의 짧은 효과음입니다. 반면에, '음악'은 도미솔 등의 음계를 수치로 지정합니다. 음표 속성으로 '악기' '템포'를 지정할 수 있습니다.

블록으로 낼 수 있는 소리 외에도 소리 탭에서는 '소리 고르기'에서 선택하거나 외부 음악 파일도 불러올 수 있습니다. 컴퓨터에 마이크가 달려 있으면 소리를 녹음할 수도 있습니다.

소리 블록

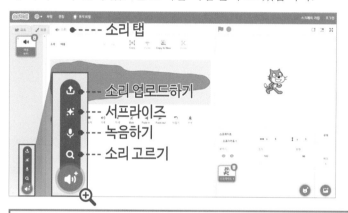

- 소리 탭
- 소리 업로드하기
- 서프라이즈
- 녹음하기
- 소리 고르기

도레미를 나타내는 방법

우리나라에선 음계를 도레미로 나타내는 것이 일반적이지만, 음계를 나타내는 방법은 나라에 따라 다릅니다. 스크래치에서는 숫자로 나타냅니다.

한국	도	레	미	파	솔	라	시	도
미국	C	D	E	F	G	A	B	C
스크래치	60	62	64	66	67	69	71	72

음악 블록(확장기능)

스크래치의 건반

음악 블록에서 음표에 해당하는 숫자를 클릭하면 건반이 표시되고 음계를 입력할 수 있습니다.

클릭 —

'소리 맞추기 게임'의 규칙과 흐름

1) 도, 미, 솔(C, E, G) 중 한 음을 랜덤하게 연주합니다.
2) 어떤 음이 연주됐는지 알아맞춥니다.
3) 맞으면 '딩동댕'이라고 표시합니다.
4) 틀리면 '땡'이라고 표시합니다.
5) 맞든 틀리든 다음 문제의 음을 연주합니다.

소리 맞추기 게임을 만들어 보자

무대 배경을 지정하고 고양이 위치를 움직입니다.

❶ (배경 고르기)를 클릭하고, 'Spot-light'를 선택합니다.

❷ 고양이를 드래그해서 중앙의 단상 위로 옮깁니다.

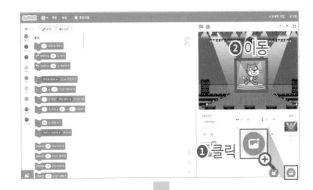

세 가지 소리(도, 미, 솔)를 담아둘 변수를 만듭니다.

❶ 스프라이트 목록의 고양이를 클릭합니다.
❷ '변수' 카테고리를 클릭합니다.
❸ [변수 만들기]를 클릭합니다.
❹ 변수 이름을 '소리'라고 입력합니다.
❺ [확인]을 클릭합니다.
❻ 변수의 체크 기호를 해제합니다.
❼ [리스트 만들기]를 클릭합니다.
❽ 리스트 이름을 '소리 보관함'이라고 입력합니다.
❾ [확인]을 클릭합니다.
❿ 리스트의 체크 기호를 해제합니다.

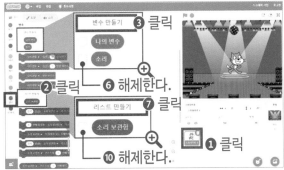

※ 노란색 점선으로 에워싼 부분은 화면 그대로 입력이나 설정을 해주세요.

코드를 작성합니다.

❶ (확장 기능 추가하기)를 클릭하고, '확장 기능 고르기'의 '음악'을 클릭합니다.

❷ 블록을 나열합니다.

· 을 클릭해서 동작시켜봅시다. 숫자를 입력하고 을 클릭합니다.

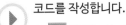

· 게임을 종료할 때는 을 클릭합니다.

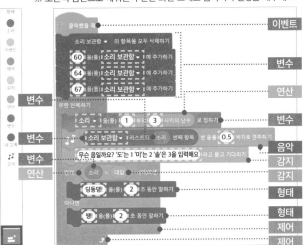

❶ 클릭 ❷ 블록을 나열한다.

● 도전해 보세요

> **'소리 맞추기 게임'의 규칙과 흐름**
>
> 5) 도, 미, 솔(C, E, G) 중 한 음을 랜덤하게 연주합니다.
> 6) 어떤 음이 연주됐는지 문자 스프라이트를 클릭해서 선택합니다.
> 7) 맞았으면 "딩동댕"이라고 표시하고, 틀렸으면 "땡"이라고 표시하고, 다음 음을 연주합니다.

▶ 문자 스프라이트를 추가합니다.
❶ 🐻 (스프라이트 고르기)를 클릭하고, '스프라이트 고르기'에서 C, E, G를 선택합니다.
❷ 스프라이트 목록에 C, E, G가 추가됩니다.
❸ '변수' 카테고리를 클릭합니다.
❹ [변수 만들기]를 클릭합니다.
❺ 변수 이름을 '대사'라고 입력합니다.
❻ [확인]을 클릭합니다.
❼ '대사'의 체크 기호를 해제합니다.
❽ C, E, G를 가로로 나열합니다.

▶ 고양이의 코드를 변경합니다.
❶ 스프라이트 목록의 고양이를 클릭합니다.
❷ 블록을 변경합니다.

> **Point** 블록에 의해, 이 뒤에 만드는 스프라이트 C, E, G의 코드와 타이밍을 연동시킬 수 있습니다.

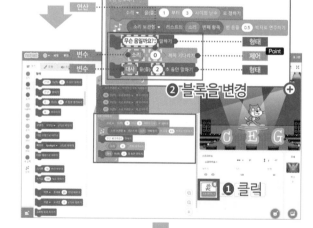

▶ 문자의 코드를 작성합니다.
❶ 스프라이트 목록의 C를 클릭합니다.
❷ 블록을 나열합니다.
❸ E와 G 스프라이트도 C와 마찬가지로 코드를 만듭니다. 판정하는 부분은 E는 <소리 = 2>, G는 <소리 = 3>으로 합니다.
❹ 변수 '소리'의 값이 E는 2, G는 3이 됩니다.

> **Point** 고양이의 코드와 타이밍을 연동시키기 위해, 블록을 배치했습니다.
>
> 🚩 을 클릭해서 동작시켜봅시다.

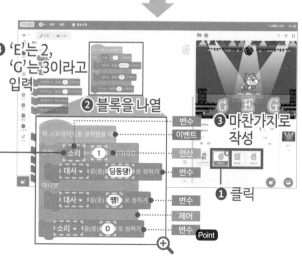

● 좀 더 도전해 보세요

'소리 맞추기 게임'의 규칙과 흐름

8) '소리 고르기'를 이용해서, 화음으로 변경합니다(도미솔은 C, 파라도는 F, 솔시레는 G).
9) 처리를 한 데 모으기 위해 '내 블록'을 정의합니다.

▶ 3개의 화음(화음 C, 화음 F, 화음 G)를 만듭니다. 스프라이트 'E'는 사용하지 않으므로 삭제하고, 스프라이트 'F'를 추가합니다.

❶ 'E'를 삭제하고 'F'를 추가합니다.
❷ C, F, G 순서로 정렬합니다.
❸ F 블록을 나열합니다.

스프라이트의 삭제와 추가는 3-1(49페이지)를 참조하세요.

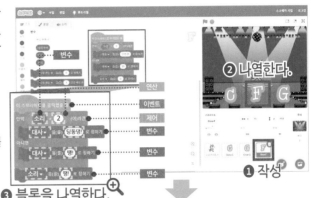

❸ 블록을 나열한다.

▶ 화음 C [C, E, G], 화음 F [F, A, C2], 화음 G [G, B, D]의 바탕이 되는 소리를 '소리 고르기'에서 불러옵니다.

❶ 스프라이트 목록의 고양이를 클릭합니다.
❷ 소리 탭을 클릭합니다.
❸ (소리 고르기)를 클릭하여, '소리 고르기' 화면에서 A Piano, B Piano, C Piano, C2 Piano, D Piano, E Piano, F Piano, G Piano의 8개 소리를 선택합니다.
❹ 소리를 읽어들입니다.

❷ 클릭
❹ 읽어들인다.
❸ 클릭
❶ 클릭

▶ 고양이의 코드 영역에 화음 블록을 만들고, 코드를 완성시킵니다.

❶ 코드 탭을 클릭합니다.
❷ '내 블록' 카테고리를 클릭합니다.
❸ '블록 만들기'를 클릭합니다.
❹ 'C'라고 입력합니다.
❺ [확인]을 클릭합니다.
❻ 블록을 나열합니다(C, E, G)
❼ ❽ 마찬가지로 'F'는 F, A, C2, 'G'는 G, B, D로 만듭니다.
❾ 블록을 나열합니다.

🏳 을 클릭해서 동작시켜봅시다.

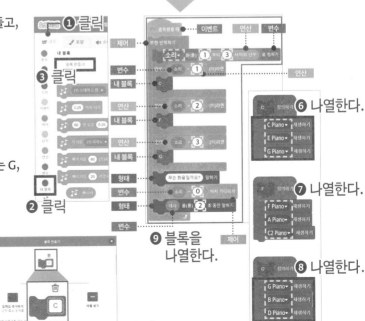

❶ 클릭
❸ 클릭
❷ 클릭
❻ 나열한다.
❼ 나열한다.
❽ 나열한다.
❾ 블록을 나열한다.

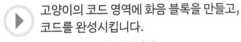

❹ 입력
❺ 클릭

배경 고르기 목록

'배경 고르기'에는 많은 배경(그림)이 준비되어 있습니다. 다음은 배경 그림 목록입니다.

6 장

본격적인 게임을 만들자

이 장에서는 오프닝과 엔딩, 여러 레벨의 스테이지가 있는 본격적인 게임을 만듭니다. 게임 설계부터 시작해서, 그림 편집 소프트웨어를 사용한 오프닝 화면 제작, 게임 화면 전환, 득점 표시 등 한 단계 위 프로그래밍에 도전합니다.

1 게임의 내용을 생각해 보자

할 수 있다 ● 스테이지가 바뀌는 게임 만들기
알 수 있다 ● 게임의 전체 설계

● 미로 게임을 설계하자

본격적인 게임에는 오프닝(게임 내용이나 조작 방법 설명)과 여러 개의 스테이지, 엔딩이 있습니다. 이러한 구성으로 설계함으로써 사용자가 즐겁게 플레이할 수 있는 본격적인 게임이 됩니다. 이 장에서는 미로 게임을 만듭니다.

우선, 처음에는 아이디어를 메모합니다. 그리고 간단한 장면과 스토리를 생각합니다.

게임의 장면과 스토리
- 오프닝(조작 방법이나 게임 내용을 설명)
- 미로 안을 고양이가 이동한다.
- 미로 안에는 유령이 떠돌고 있다.
- 유령에게 잡히면 게임은 끝난다.
- 미로에는 출발지와 목적지가 있다.
- 1단계 출발지에서 목적지까지 이동한다.
- 목적지에 도달하면 2단계로 이동한다.
- 2단계 목적지에서 3단계로 이동한다.
- 3단계 목적지에서 게임이 끝난다.
- 엔딩

게임에 등장하는 스프라이트와 역할
- 고양이
(1) 화살표 키로 조종한다.
(2) 출발지에서 시작한다.
(3) 목적지에 도착하면 다음 면으로 이동한다.
(4) 유령에게 잡히면 게임오버

- 유령
(1) 흔들흔들 떠돈다.
(2) 서서히 고양이에게 향한다.

스프라이트의 역할은 코드를 작성할 때의 규칙이 되지요. 어디에 어떤 역할이 필요할지 미리 생각해 두면, 나중에 코드를 작성하기 쉽습니다.

게임 화면 구성을 생각한다
미로의 형태, 출발지와 목적지 위치, 고양이와 유령의 크기나 시작 위치 등을 생각합니다.

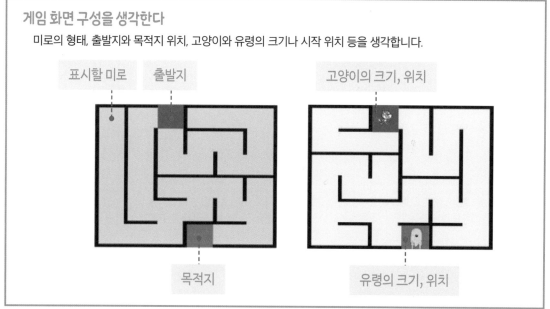

표시할 미로 · 출발지 · 고양이의 크기, 위치 · 목적지 · 유령의 크기, 위치

스프라이트 추가하기

 게임에 등장하는 캐릭터(스프라이트)를 준비합니다. 고양이 스프라이트는 그대로 두고, 유령 스프라이트를 추가합니다.

❶ (스프라이트 고르기)를 클릭합니다.
❷ '스프라이트 고르기' 화면에서 유령 (Ghost)을 클릭합니다.
❸ 유령이 무대와 스프라이트 목록에 추가 됩니다.

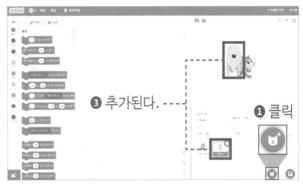
❸ 추가된다. ❶ 클릭

❷ 클릭

윈도우의 기본 그림 편집 소프트웨어 '그림판' 시작하기

스크래치 3.0에서는 배경이나 모양을 스크래치의 그리기 기능을 이용해 만들 수 있습니다. 또한, 다른 그림 편집 소프트웨어 등을 이용해 그림을 만들어 저장한 후, 스크래치로 가져와서 이용할 수도 있습니다.

윈도우에는 그림 편집 소프트웨어인 '그림판'이 기본으로 설치되어 있습니다. 게임의 오프닝과 플레이 방법 등을 '그림판'으로 만들고 그림으로 저장하면 스크래치에서도 이용할 수 있습니다. [시작] 버튼을 클릭하고 'Windows 보조 프로그램' 안에 있는 '그림판'을 클릭합니다.

시작 메뉴에서 그림판 실행

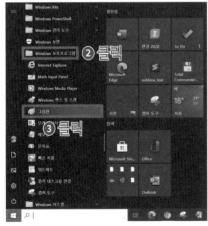
❶ 클릭   이 화면은 윈도우 10입니다.

'그림판'으로 오프닝 작성 만들기

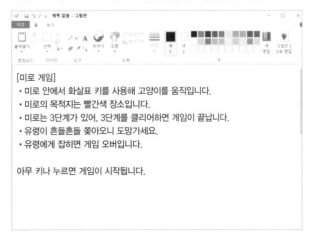

[미로 게임]
• 미로 안에서 화살표 키를 사용해 고양이를 움직입니다.
• 미로의 목적지는 빨간색 장소입니다.
• 미로는 3단계가 있어, 3단계를 클리어하면 게임이 끝납니다.
• 유령이 흔들흔들 쫓아오니 도망가세요.
• 유령에게 잡히면 게임 오버입니다.

아무 키나 누르면 게임이 시작됩니다.

2   미로를 만들어 보자

할 수 있다   ● 미로 만들기
알 수 있다   ● 그림 조정

● 직접 미로를 그리는 경우

미로는 그림 편집 소프트웨어나 스크래치의 그림 편집기로 그려서 만들 수 있습니다. 그리는 요령은 다음과 같습니다.

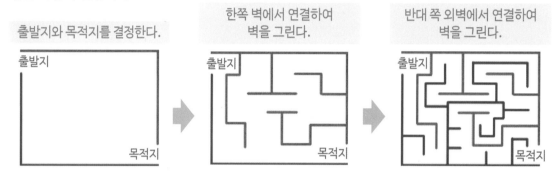

● 웹서비스를 이용해 미로를 만드는 경우

인터넷에는 미로를 자동으로 생성해 그림으로 다운로드할 수 있는 서비스를 제공하는 웹사이트가 있습니다. 이 책에서는 메이즈 제너레이터(http://www.mazegenerator.net/)를 이용해 미로를 만듭니다.

❶ 웹브라우저로 Maze Generator 사이트에 접속합니다.

(❷ Width(너비)를 '8'이라고 입력합니다.
(❸ Height(높이)를 '8'이라고 입력합니다.

❹ [Generate] 버튼을 클릭합니다.

이 예에서는 8 x 8 사이즈의 미로를 생성했습니다.

❻ PNG로 변경합니다.

❼ [Download] 버튼을 클릭합니다.

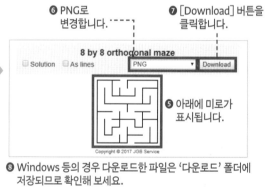

❺ 아래에 미로가 표시됩니다.

❽ Windows 등의 경우 다운로드한 파일은 '다운로드' 폴더에 저장되므로 확인해 보세요.

여러 개의 미로를 만들 때는 알아보기 쉬운 파일 이름으로 변경합시다.

'다운로드' 폴더

이 책에서는 메이즈 제너레이터로 3개의 미로를 생성해 '다운로드' 폴더에 저장하고, 그 이미지를 사용해 미로 게임의 무대를 만듭니다.

미로를 무대의 배경으로 지정하기

▶ 작성한 미로 그림을 무대의 배경으로 불러
옵니다.
❶ 🖼 (배경 고르기) 위로 마우스를 가져
갑니다.
❷ 🔼 (배경 업로드하기)를 클릭합니다.
❸ 불러올 그림을 클릭합니다.
❹ [열기]를 클릭해, 그림을 불러옵니다.
❺ [벡터로 바꾸기]를 클릭합니다.
벡터 그림으로 변환하면, 확대 및 축소가 쉬워
집니다.

불러온다.

❺ 클릭

🖼 벡터로 바꾸기

❶ 마우스를
가져간다.

❸ 클릭

❹ 클릭해서 불러오기

▶ 읽어들인 그림을 무대 크기에 맞춥니다.
❶ ▶ (선택) 툴을 클릭합니다.
❷ 그림을 클릭해서 선택합니다.
❸ 선택된 그림 주변에 있는 ● 마크를 드
래그해서, 그림의 크기가 변하는 것을
확인합니다.

❸ 움직여서 조정

❶ 클릭

❷ 그림 전체를
드래그해서 선택

▶ ❶ 무대에 가득차게 폭을 넓힙니다.
❷ 넓혔으면 무대의 그림에 반영되었는지
확인합니다.

만약 드래그해도 무대에 꽉차게 넓어지지 않
을 때는 🔍 = 🔍 로 조정합니다.

❸ 모양에 'No1'이라고 입력합니다.
❹ 하얀색 배경(배경 1)을 클릭합니다.
❺ 🗑 을 클릭해서 하얀색 배경(배경 1)
을 삭제합니다.

❹ 클릭

❸ 'No1'이라고
입력

❺ 클릭해서
삭제

❷ 미로 그림이
무대에 꽉찼는지
확인

❶ 무대에 꽉차게
폭을 늘린다.

▶ 출구에 목적지를 나타내는 빨간색 사각형
을 그립니다.
❶ '채우기 색'을 클릭합니다.
❷ ⚪ 를 드래그해서, 빨간색이 되도록 설
정합니다.
❸ ☐ (사각형) 툴을 클릭합니다.
❹ 출구에서 드래그해 사각형을 그립니다.
❺ 마찬가지로 미로 그림을 두 개 더 불러
와서 빨간색 사각형을 그립니다. 배경
이름은 각각 'No2', 'No3'로 합니다.

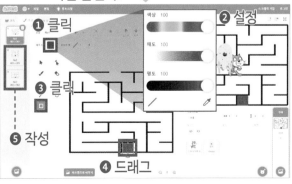

❶ 클릭

❷ 설정

색상 100

채도 100

명도 100

❸ 클릭

❹ 드래그

❺ 작성

3 미로 안을 이동시키자

할 수 있다	● 미로 안에서 이동하기
알 수 있다	● 키 조작으로 스프라이트 이동하기

● 스프라이트 이동에는 색을 이용합니다

여기서는 게임에 등장하는 두 개의 캐릭터인 고양이와 유령의 '동작'에 관한 코드를 만듭니다.

고양이는 키보드로 움직입니다. 이 때 색을 이용해서 진행할 수 있는 방향을 결정합니다. 빨간색에 도달하면 다음 판으로 진행합니다. 유령은 난수를 이용해서 이동하며, 고양이를 천천히 쫓아갑니다.

진행하는 방향에 검은색이 있으면 키를 눌러도 움직이지 않는다.

고양이 스프라이트

고양이 스프라이트를 그대로 이용합니다.

■ 역할
• 처음에는 크기와 위치를 지정합니다.
• 다음은 키보드로 상하좌우로 이동합니다.
• 미로의 목적지에 도달하면 다음 미로로 이동합니다.

유령 스프라이트

유령 스프라이트를 추가합니다. '스프라이트 고르기'에서 선택합니다.

■ 역할
• 처음에는 크기와 위치를 지정합니다.
• 다음은 랜덤하게 진행합니다.
• 고양이 스프라이트를 따라갑니다.
• 고양이 스프라이트에 닿으면 게임 오버입니다.

미로 탈출법

미로를 탈출하는 방법에 관해서도 다양한 방법이 고안되어 있습니다.

(1) 우수법(오른손법)

미로 벽에 오른손을 붙이고 계속 진행합니다. 벽이 하나로 이어지는 미로라며 반드시 출구까지 갈 수 있습니다. 단, 미로가 끊겨 있으면(섬), 탈출할 수 없습니다.

(2) 확장 우수법

한 번 지나간 길을 화살표로 표시하면서 미로 안을 걸어다닙니다. 최악의 경우라도 미로 전체 길이의 2배를 걸으면 반드시 출구에 도달합니다.

우수법이 잘 통하는 경우

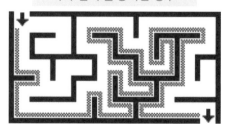

우수법이 잘 통하지 않는 경우

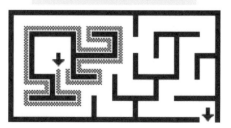

고양이의 움직임을 만들자

무대에 첫 번째 미로를 설정합니다. 또한, 고양이의 크기와 위치도 설정합니다.

① 스프라이트 목록의 고양이를 클릭합니다.
② 코드 탭을 클릭합니다.
③ 블록을 나열하고 수치를 입력합니다.

Point 배경을 No1 ▼ (으)로 바꾸기 블록으로 게임 시작 시 표시할 미로를 지정합니다.

※ 노란색 점선으로 에워싼 부분은 화면 그대로 입력이나 설정을 해주세요.

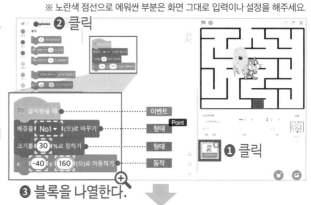

③ 블록을 나열한다.

↓ 키가 눌렸을 때의 고양이의 움직임을 설정합니다.

① 블록을 추가합니다. 이동할 방향에 검은색(미로의 벽)이 있으면 움직이지 않도록 설정합니다.
② ⬛ 색에 닿았는가? 블록의 색깔 부분을 클릭합니다.
③ 🖌 를 클릭합니다.
④ 무대의 검은색 부분(미로의 벽)을 클릭합니다.

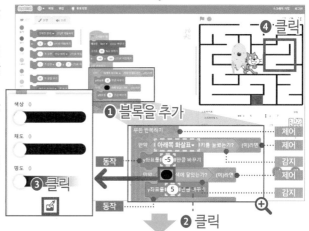

↑ ← → 키도 같은 방식으로 만듭니다. 마찬가지로, 이동할 방향에 검은색(미로의 벽)이 있으면 움직이지 않도록 설정합니다.

Point 검은색(미로의 벽)에 닿으면, 움직인 거리와 같은 거리를 되돌아가도록 처리했습니다.

같은 방식으로 작성 **Point**

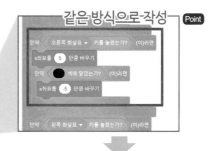

고양이가 목적지 표시(빨간색 사각형)에 닿으면, 다음 미로가 표시되게 합니다. 블록을 추가하고 수치를 입력합니다.

🏴 을 클릭해서 동작시켜봅시다.

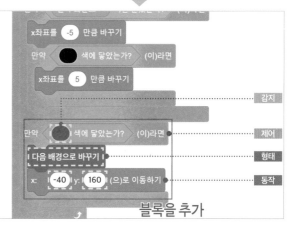

블록을 추가

여기까지 완성했으면, 일단 동작하는지 확인합니다.

유령의 움직임을 만들자

유령의 크기와 위치를 설정합니다.
❶ 스크립트 목록의 유령을 클릭합니다.
❷ 블록을 나열하고 수치를 입력합니다.

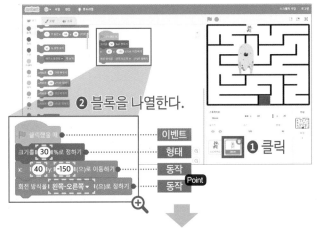

❷ 블록을 나열한다.

클릭했을 때	이벤트
크기를 30 %로 정하기	형태
x: 40 y: -150 (으)로 이동하기	동작
회전 방식을 왼쪽-오른쪽 ▼ (으)로 정하기	동작 Point

❶ 클릭

유령은 난수를 이용해서 움직입니다. 블록을 추가합니다.

`스프라이트 1 ▼ 쪽 보기` 블록으로 고양이를 추적합니다.

Point 유령의 움직임을 느리게 하고 싶을 때는 난수의 범위를 작게 합니다.

예 0.5 부터 1 사이의 난수

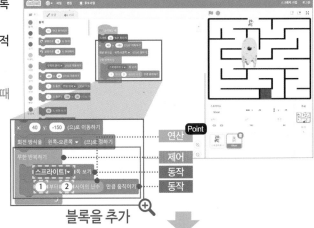

x: 40 y: -150 (으)로 이동하기	
회전 방식을 왼쪽-오른쪽 ▼ (으)로 정하기	연산
무한 반복하기	제어
스프라이트1▼ 쪽 보기	동작
1 부터 2 사이의 난수 만큼 움직이기	동작

블록을 추가

유령과 고양이가 부딪히면 게임 오버입니다. 블록을 추가합니다.

🏳 을 클릭해서 동작시켜봅시다.

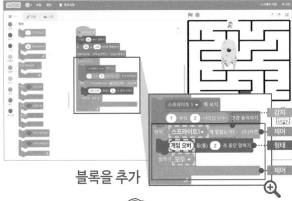

스프라이트 1 ▼ 쪽 보기	감지
1 부터 2 사이의 난수 만큼 움직이기	
만약 스프라이트1▼ 에 닿았는가? (이)라면	제어
게임 오버 들을(를) 2 초 동안 말하기	형태
멈추기 모두 ▼	제어

블록을 추가

여기까지 완성했으면, 동작하는지 확인합니다.
유령의 속도가 빠른 것 같으면, 난수의 범위를
작은 수(0.5 ~ 1등)로 조정하세요.

● 코드를 하나의 블록으로 통합할 수 있습니다

코드가 길어지면 전체 처리를 보기 힘들어집니다. 여러 개의 블록을 하나의 블록으로 모아서 정리하면 코드를 보기 쉬워집니다. 여기서는 고양이의 '키 조작' 부분을 하나의 블록으로 모아보겠습니다. 이렇게 정리한 블록을 가리켜 일반적인 프로그래밍 언어에서는 서브루틴이라고 부릅니다.

▶ ❶ 스프라이트 목록의 고양이를 클릭합니다.
❷ '내 블록'을 클릭합니다.
❸ [블록 만들기]를 클릭합니다.
❹ 블록 이름을 '이동'이라고 입력합니다.
❺ [확인]을 클릭합니다.
❻ [이동 정의하기] 블록이 생깁니다.

▶ 새로 생긴 블록 [이동 정의하기] 에 한데 모으고 싶은 블록의 코드를 드래그해서 결합합니다.

▶ 실행하기 위한 블록을 코드에 추가합니다.
❶ '내 블록'을 클릭합니다.
❷ '이동' 블록을 코드에 추가합니다.

• 새로 만든 블록은 '정의'하는 부분과 '실행'하는 부분으로 나뉘어져 있습니다. 실행할 때는 이름을 붙인 블록을 코드 안에 나열해야 실행됩니다.

• ⚑ 을 클릭해서 동작시켜봅시다.

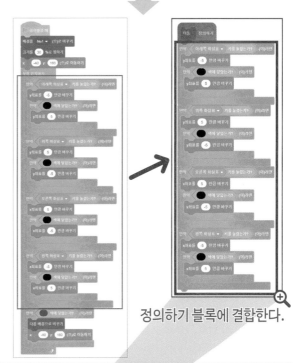

정의하기 블록에 결합한다.

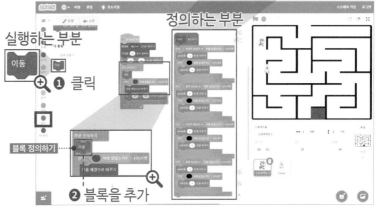

실행하는 부분

정의하는 부분

블록 정의하기

❶ 클릭

❷ 블록을 추가

4 오프닝을 만들자

할 수 있다	● 글자가 들어간 그림 만들기
알 수 있다	● 그림의 종류

● 오프닝 화면의 역할을 알아 봅시다

게임을 설계할 때 오프닝 화면은 중요합니다. 오프닝 화면에서는 게임을 플레이하는 방법이나 게임의 목적, 클리어 방법, 게임 오버 조건 등을 플레이어에게 전달할 수 있습니다. 나아가 게임의 세계관을 전달할 수 있습니다.

이들 화면은 스크래치의 그리기 기능이나 그밖의 소프트웨어 등으로 만들 수 있습니다.

이 책에서는 윈도우의 그림판을 이용해서 오프닝과 게임 클리어 화면을 만들겠습니다. 그림판을 시작하는 방법은 6-1(113페이지)을 참조하세요.

> **'미로 게임' 오프닝에 사용하고 싶은 설명**
>
> **미로 게임**
>
> [규칙]
> - 미로 안에서 화살표 키를 사용해 고양이를 움직입니다.
> - 미로의 목적지는 빨간색 장소입니다.
> - 미로는 3단계가 있어, 3단계를 클리어하면 게임이 끝납니다.
> - 유령이 흐느적흐느적 쫓아오니 도망가세요.
> - 유령에게 잡히면 게임 오버입니다.

그림판으로 오프닝 화면을 만들자

 그림판을 시작하고 다음과 같이 조작합니다.
- ❶ '홈' 탭의 '크기 조정'을 클릭합니다.
- ❷ '크기 조정' 창에서 '단위'를 '픽셀'로 설정합니다.
- ❸ '가로 세로 비율 유지'의 체크 표시를 해제합니다.
- ❹ '가로'를 '960'이라고 입력합니다.
- ❺ '세로'를 '720'이라고 입력합니다.
- ❻ [확인] 버튼을 클릭합니다.

그림판을 시작하는 방법은 6-1(113페이지)를 참조하세요.

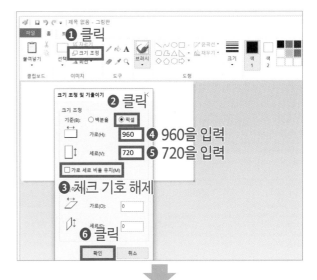

 배경색을 칠합니다.
- ❶ (색 채우기)를 클릭합니다.
- ❷ 원하는 색을 클릭합니다.
- ❸ 클릭해서 칠합니다.

여기서는 '연한 옥색'을 선택했습니다.

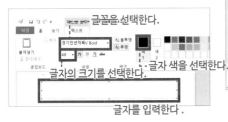

게임의 규칙을 입력합니다.

❶ **A** (텍스트)를 클릭합니다.

• 내용을 입력하고 싶은 영역을 드래그하거나 클릭합니다. 영역은 나중에 변경할 수도 있습니다.

• 텍스트 탭이 표시되며, 글꼴의 종류나 크기 등을 고를 수 있습니다.

❸ 클릭

❹ 클릭

❶ 클릭

❺ 클릭

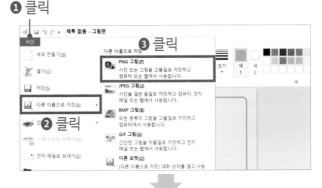

글꼴을 선택한다.

글자의 크기를 선택한다.

글자 색을 선택한다.

글자를 입력한다.

❷ 입력

❻ 작성

미로 게임

[규칙]
- 미로 안에서 화살표 키를 사용해 고양이를 움직입니다.
- 미로의 목적지는 빨간색 장소입니다.
- 미로는 3단계가 있어, 3단계를 클리어하면 게임이 끝납니다.
- 유령이 흔들흔들 쫓아오니 도망가세요.
- 유령에게 잡히면 게임 오버입니다.

아무 키나 누르면 게임이 시작됩니다.

❷ 설명을 입력합니다.

❸ '홈' 탭을 클릭합니다.

❹ '☐(둥근 직사각형)'을 클릭합니다.

❺ 초록색을 선택합니다.

❻ 설명을 에워싸도록 드래그해서, 사각형 도형을 배치합니다.

작성한 그림을 저장합니다.

❶ '파일'을 클릭합니다.

❷ '다른 이름으로 저장'을 클릭합니다.

❸ 'PNG 그림'을 클릭합니다.

'JPEG 그림'을 선택해도 상관없습니다.

❶ 클릭

❸ 클릭

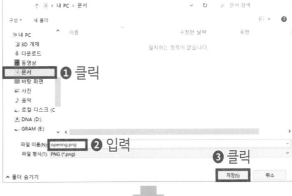

❷ 클릭

'다른 이름으로 저장' 화면이 표시되므로, 파일 이름을 입력하여 저장합니다.

❶ 저장할 장소를 클릭합니다.

• 여기서는 '문서' 폴더에 저장했습니다.

❷ 파일 이름을 입력합니다.

• 여기서는 파일 이름을 'opening.png'로 지정했습니다.

❸ '저장'을 클릭합니다.

❶ 클릭

❷ 입력

❸ 클릭

마찬가지로 '그림판'으로 게임 클리어 축하 화면도 만듭니다.

게임 클리어!
축하합니다!

오프닝과 게임 클리어 화면의 코드를 만들자

▶ 6-3(119페이지)의 스크래치 화면으로 돌
아갑니다. 이번에 만든 오프닝 화면을 무
대 배경으로 추가합니다.

❶ ◉ (배경 고르기) 위로 마우스를 가져
갑니다.

❷ ⬆ (배경 업로드하기)를 클릭합니다.

❸ 불러올 그림을 클릭합니다.

❹ [열기]를 클릭해, 그림을 불러옵니다.

❺ 그림이 표시됩니다.

여기서는 '문서' 폴더에 있는 'opening.png'를
불러옵니다.

❻ 모양에 'opening'이라고 입력합니다.

▶ 오프닝 화면의 코드를 작성합니다. 어떤
키가 눌렸으면 미로를 표시하고, 고양이와
유령 스프라이트에게 시작 메시지를 보냅
니다.

❶ 코드 탭을 클릭합니다.

❷ 블록을 나열합니다.

Point '시작 메시지'는 다음과 같은 순서로 만
듭니다.

▼를 클릭해서
'새로운 메시지'를
선택

'시작'이라고
입력하고
[확인]을
클릭

'시작 신호'를 받으면, 다른 스프라이트의 코드
를 시작하도록 합니다.

※ 노란색 점선으로 에워싼 부분은 화면 그대로 입력이나 설정을 해주세요.

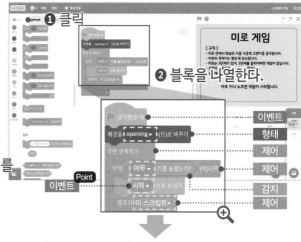

▶ 시작 신호를 받으면 고양이가 움직이도록
코드를 변경합니다.

❶ 스프라이트 목록의 고양이를 클릭합니다.

❷ 블록을 추가합니다.

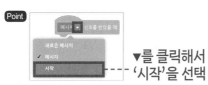

▼를 클릭해서
'시작'을 선택

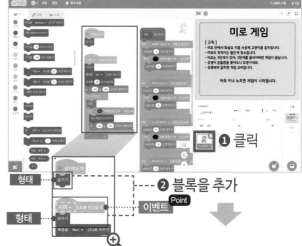

123

유령도 시작 신호를 받으면 움직이도록 코드를 변경합니다.

❶ 스프라이트 목록의 유령을 클릭합니다.
❷ 블록을 추가합니다.

형태
이벤트
형태

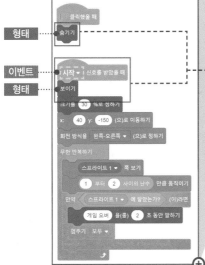

❷ 블록을 추가

❷ 'goal'이라고 입력
❸ 드래그해서 이동

미로를 3개 클리어하면 성공입니다. 성공했을 때의 처리를 만듭니다.

❶ 오프닝 그림(122페이지)와 마찬가지로 게임 클리어 그림을 불러옵니다.
❷ 모양을 'goal'이라고 합니다.
❸ 'opening'을 맨 위로 드래그해서 이동합니다.
❹ 배경의 순서를 확인합니다.

❹ 확인

드래그 후   드래그 전

❶ 스프라이트 목록의 고양이를 클릭합니다.
❷ 코드 탭을 클릭합니다.
❸ 블록을 나열합니다.

을 클릭해서 동작시켜봅시다.

Point

▼를 클릭해서 'goal'을 선택

❷ 클릭

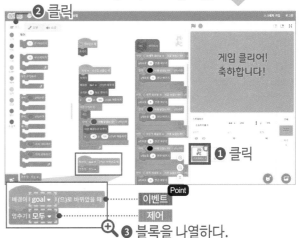

❶ 클릭

게임 클리어!
축하합니다!

Point
이벤트
제어

❸ 블록을 나열하다.

5   게임을 업그레이드하자

할 수 있다	● 게임에 기능을 추가하기
알 수 있다	● 변수

● 게임의 여러 요소를 개선해 봅시다

여기서는 처음에 생각했던 게임의 스토리를 확인하고, 어떻게 개선할 수 있을지 생각해 봅시다.

장면과 스토리 확인
- 오프닝(조작 방법이나 게임 내용을 설명)
- 미로 안을 고양이가 이동한다.
- 미로 안에는 유령이 떠돌고 있다.
- 유령에게 잡히면 게임은 끝난다.
- 미로에는 출발지와 목적지가 있다.
- 1단계 출발지에서 목적지까지 이동한다.
- 목적지에 도달하면 2단계로 이동한다.
- 2단계 목적지에서 3단계로 이동한다.
- 3단계 목적지에서 게임이 끝난다.
- 엔딩

개선 전

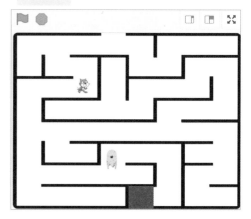

다음과 같은 업그레이드를 생각해 볼 수 있습니다.

고양이가 유령에게 닿아도 되는 횟수를 늘린다
고양이가 유령에게 몇 번 닿으면 게임 오버가 됩니다.

스프라이트를 늘린다
유령을 늘리거나 동료를 늘립니다(스프라이트의 복사 기능을 이용합니다).

미로의 수를 늘린다
미로의 수를 늘립니다(무대 배경으로 추가합니다).

개선 후

여기서는 유령에 닿자마자 바로 게임이 끝나는 게 아니고, 3번까지 허용하도록 개선해 봅시다.

게임의 고득점을 기록해 두고 싶을 때

고득점을 얻은 사람의 이름과 점수을 기록해 두고 싶을 때는 '리스트'를 이용합니다.

리스트에 저장된 값은 스크래치 프로그램을 저장할 때 함께 저장됩니다. 또한, 리스트를 새로 만들거나 리스트 내용을 클리어할 때는 초기화합니다.

리스트에 관한 자세한 설명은 8장에서 설명합니다.

유령에게 세 번 닿으면 게임 오버로 한다

▶ 게임 오버 화면을 만듭니다.
❶ (배경 고르기) 위로 마우스를 가져
갑니다.
❷ (그리기)를 클릭합니다.
❸ 모양에 'gameover'라고 입력합니다.
❹ (텍스트)를 클릭합니다.
❺ 문자를 입력하고 싶은 위치에서 클릭하
고 '게임 오버'라고 한글로 입력합니다.

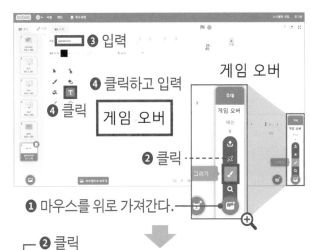

❶ 마우스를 위로 가져간다.

▶ 유령의 코드를 변경합니다.
❶ 스프라이트 목록의 유령을 클릭합니다.
❷ 코드 탭을 클릭합니다.
❸ '변수' 카테고리를 클릭합니다.
❹ [변수 만들기]를 클릭해서, '고양이 수'
라는 변수를 만듭니다.
❺ 블록을 삭제·추가해서 코드를 변경합
니다.

Point '새로운 메시지'로 '닿았다'를 만듭니다.

❻ 블록을 나열합니다.

▶ 고양이의 코드를 변경합니다.
❶ 스프라이트 목록의 고양이를 클릭합니다.
❷ 블록을 나열합니다.

을 클릭해서 동작시켜봅시다.

❷ 블록을 나열한다.

윈도우의 그림판으로 배경 그림 만들기

윈도우에는 그림 편집 소프트웨어인 '그림판'이 기본으로 준비되어 있습니다. '그림판'을 이용하면, 다양한 그림을 만들어낼 수 있습니다. 여기서는 윈도우의 그림판으로 한글이 들어간 배경 그림을 만드는 법을 소개합니다.

그림판 실행과 크기 지정

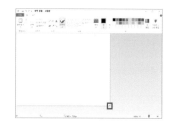

그림판은 시작 버튼의 '윈도우 보조프로그램'에 있습니다. 그림판을 클릭해서 실행되면, 하얀색 배경의 오른쪽 하단으로 마우스를 이동합니다. 마우스의 형태가 양쪽 화살표로 바뀌면, 클릭한 채로 움직여 크기를 지정합니다. 그림판 실행은 6-1(113페이지), 화면 크기를 지정하는 방법은 6-4(120페이지)를 참조하세요.

배경 색 채우기

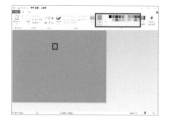

메뉴에서 색 채우기를 선택하고, 색상 팔레트에서 색을 선택합니다. 그런 다음 배경을 클릭하면, 지정한 색으로 채워집니다.

문자 입력과 편집

메뉴의 '텍스트'를 눌러 문자를 입력할 수 있습니다. 문자를 편집하는 동안에는 '텍스트 도구' 메뉴 탭이 생깁니다. 문자 편집을 마치면, 다시 그 문자를 편집할 수 없으므로 주의합니다. 글꼴도 이때 지정합니다.

저장과 파일 형식

배경 그림이 완성되면 저장합니다. '파일' 메뉴 → '다른 이름으로 저장하기'에서 파일 형식은 'JPEG 그림' 또는 'PNG 그림' 중 하나를 선택합니다. 스크래치에서 다룰 수 있는 그림 파일의 종류는 JPEG과 PNG입니다.

7장

학습 자료를 만들어 보자

이 장에서는 스크래치를 이용한 프로그래밍 교육의 힌트가 될 프로그램을 소개합니다. 프로그래밍 사고(컴퓨팅 사고)를 기르기 위한 교재로서, 7-1(국어), 7-2(수학), 7-3(과학), 7-4(사회), 7-5(미술), 7-6(음악)을 예로 들었습니다. 이 장에 더해 6장까지 학습한 지식을 활용하면, 다양한 교재나 단원에서 스크래치를 활용할 아이디어가 샘솟을 것입니다.

1 그림책을 만들어 보자(국어)

할 수 있다	● 배경 전환, 모양 전환, 메시지
알 수 있다	● 순차 처리

● 그림책을 만들어 봅시다

국어 과목에서 이용할 수 있는 그림책을 만듭니다. 스크래치에서 제공하는 스프라이트와 배경을 이용하거나 그림을 직접 그리면서 그림책을 만들 수 있습니다.

● 각 장면의 내용을 생각합시다

실제로 스크래치로 그림책을 만들어 봅시다. 여기서는 간단한 대화 형식의 그림책을 만들어 보겠습니다. 대화하는 캐릭터를 전환할 때는 '메시지'를 주고 받을 필요가 있습니다. 캐릭터가 메시지를 보내고, 다른 캐릭터가 그 메시지를 받으면 대화를 시작합니다.

장면1 지상	장면2 바다	장면3 지상

장면1 지상
- 펭귄아, 너는 새야? 아니면 물고기야?
- 메시지1 보내기
- 메시지1 받기
- 나는 새의 동료야.
- 이제부터 수영할 테니 잘 봐봐

장면2 바다
- 자, 바닷속을 날아다니는 것처럼 헤엄치지?
- 메시지2 보내기

장면3 지상
- 메시지2 받기
- 정말이네

배경과 캐릭터 **준비하기**

무대의 배경을 설정합니다.
❶ (배경 고르기)를 클릭합니다.
❷ '배경 고르기' 화면에서 'Blue Sky'와 'Underwater1'을 각각 클릭해서 추가합니다.

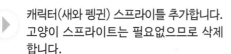

❷ 클릭해서 추가

캐릭터(새와 펭귄) 스프라이트를 추가합니다. 고양이 스프라이트는 필요없으므로 삭제합니다.
❶ 🗑 을 클릭해서 고양이를 삭제합니다.
❷ 🐻 (스프라이트 고르기)를 클릭합니다.
❸ '스프라이트 고르기' 화면에서 앵무새(Parrot)와 펭귄(Penguin 2)을 각각 클릭해서 추가합니다.

앵무새와 펭귄의 위치와 방향을 변경합니다.

❶ 무대의 앵무새와 펭귄을 드래그해서 오른쪽 그림처럼 나열합니다.

❷ 스프라이트 목록의 앵무새를 클릭합니다.

❸ 모양 탭을 클릭합니다.

❹ ▶◀ (좌우반전)을 클릭합니다.

❺ 스프라이트 목록의 펭귄을 클릭합니다.

❻ 3번째 모양(Penguin2-C)을 클릭합니다.

각 장면을 만들자

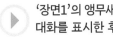

※ 노란색 점선으로 에워싼 부분은 화면 그대로 입력이나 설정을 해주세요.

'장면1'의 앵무새에 관한 부분을 만듭니다. 대화를 표시한 후 '메시지 1' 신호를 보냅니다.

❶ 스프라이트 목록의 앵무새를 클릭합니다.

❷ 코드 탭을 클릭합니다.

❸ 블록을 나열합니다.

메시지에 관해서는
4-6(78페이지)을 참조하세요.

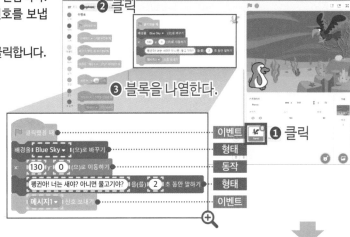

'장면1'의 펭귄 관련 코드를 작성합니다. '메시지1' 신호를 받으면, 앵무새의 물음에 대답합니다.

❶ 스프라이트 목록의 펭귄을 클릭합니다.

❷ 코드 탭을 클릭합니다.

❸ 블록을 나열합니다.

장면1이 완성됐네.

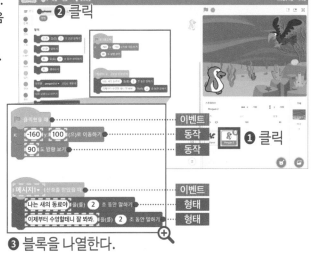

'장면2'의 펭귄 관련 코드를 작성합니다. 배경을 'underwater1'으로 바꾸고 펭귄이 말합니다.
이야기가 끝나면, '메시지2' 신호를 보냅니다.
펭귄에 블록을 추가합니다.

Point '메시지2'는 다음과 같이 만듭니다.

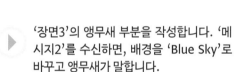
- ❶ 클릭
- ❷ 클릭

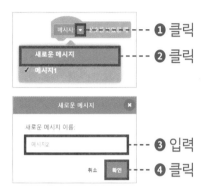
- ❸ 입력
- ❹ 클릭

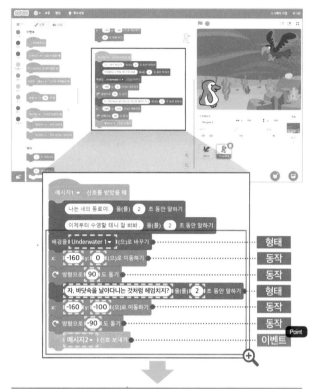

형태
동작
동작
형태
동작
동작
이벤트

'장면3'의 앵무새 부분을 작성합니다. '메시지2'를 수신하면, 배경을 'Blue Sky'로 바꾸고 앵무새가 말합니다.
❶ 스프라이트 목록의 앵무새를 클릭합니다.
❷ 블록을 추가합니다.

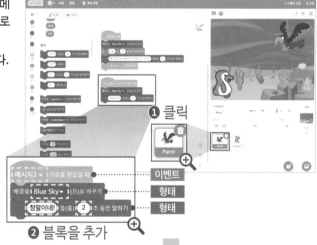

❶ 클릭

이벤트
형태
형태

❷ 블록을 추가

그림책이 완성됐습니다.
 을 클릭해서 동작시켜봅시다.

2   계산 연습문제를 만들어 보자(수학)

할 수 있다   ● **반복**
알 수 있다   ● **변수, 난수**

● 계산 연습 문제를 만들어 봅시다

수학 과목에서 이용할 수 있는 계산 연습 문제를 만들겠습니다. 프로그램을 이용하면, 학습 수준에 맞는 문제를 낼 수도 있습니다. 스크래치에는 사용자로부터 숫자나 문자가 입력되길 기다리는 `너 이름이 뭐니? 라고 묻고 기다리기` 블록이 있습니다. `너 이름이 뭐니? 라고 묻고 기다리기` 블록을 사용해 사용자가 입력한 값과 출제한 문제의 정답을 대조할 수 있습니다.

메시지를 표시하고 사용자의 입력을 기다리는 거구나.

● 연습 문제의 내용을 결정합시다

'사과와 바나나가 모두 몇 개일까요?'라는 문제를 내는 계산 연습 프로그램을 만들어 보겠습니다. 계속 정답을 맞추면 레벨이 올라가, 표시하는 숫자(사과와 바나나의 개수) 범위가 증가하도록 합니다.

※ 바나나는 한 송이를 하나로 셉니다.

프로그램의 흐름

(1) 처음 레벨은 0으로 한다.
(2) 사과와 바나나의 수를 각각 난수로 결정한다.
(3) 사과와 바나나를 표시하고 입력을 기다린다.
(4) 입력된 값이 정답인지 판정한다.
(5) 정답이면 출제 범위(레벨)를 하나 증가시킨다.
(6) 만약 레벨 5이상이면 종료한다.

──── (2) ~ (6)을 계속 반복한다.

계산 문제를 출제하고 , 정답을 판정해 보자

무대 배경을 설정하고, '사과'와 '바나나' 스프라이트를 추가합니다.

❶ (배경 고르기)를 클릭하고, '배경 고르기' 화면에서 'Blue Sky'를 불러옵니다.

❷ (스프라이트 고르기)를 클릭하고, '스프라이 고르기' 화면에서 'Apple'과 'Bananas'를 각각 불러옵니다.

'배경 고르기'는 4-2(71페이지), '스프라이트 고르기'는 3-1(49페이지)를 참조하세요.

❷ 클릭
❶ 클릭

고양이 코드에 '사과'와 '바나나' '레벨'이라는 변수를 세 개 만듭니다.

❶ 스프라이트 목록의 고양이를 클릭합니다.
❷ 변수를 클릭합니다.
❸ [변수 만들기]를 클릭합니다.
❹ '사과'라고 입력합니다.
❺ [확인]을 클릭합니다.
❻ 체크 표시를 해제합니다.
❼ 마찬가지로 '바나나'와 '레벨'의 변수를 만듭니다.

변수에 관해서는 4-8(84페이지)을 참조하세요.

❷ 클릭
❸ 클릭
❻ 해제한다.
❼ 만들기
❹ 입력
❺ 클릭
❶ 클릭

※ 노란색 점선으로 에워싼 부분은 화면 그대로 입력이나 설정을 해주세요.

고양이의 위치와 변수 '레벨'을 초기화합니다.
블록을 나열합니다.

시작할 때 문제의 레벨을 0으로 초기화합니다.

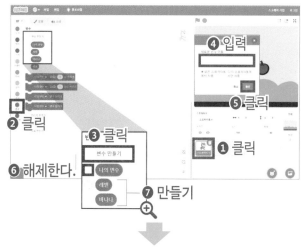

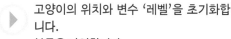

클릭했을 때 .... 이벤트
x: 0 y: -90 (으)로 이동하기 .... 동작
레벨 ▼ 을(를) 0 로 정하기 .... 변수

블록을 나열한다.

▶ 레벨에 따른 범위의 난수를 생성해 변수 '사과'와 변수 '바나나'에 넣습니다. 블록을 추가합니다.

Point 4개의 블록을 조합해서 만듭니다.

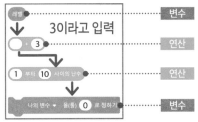

레벨이 올라갈수록 난수의 범위를 넓게 합니다.

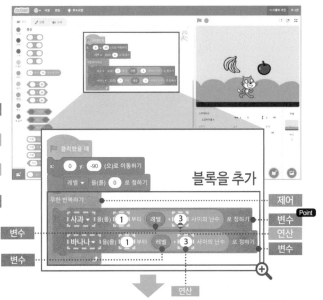

▶ 문제를 표시하고, 답을 입력하길 기다립니다. 사과와 바나나의 동작을 맞추기 위해 메시지 블록을 사용합니다. 블록을 추가합니다.

메시지 블록에 관해서는 4-6(78페이지)를 참조하세요.

Point 모두 몇 개일까요? 라고 묻고 기다리기 블록을 사용해서 입력된 숫자와 문자는 대답 블록에 들어갑니다.

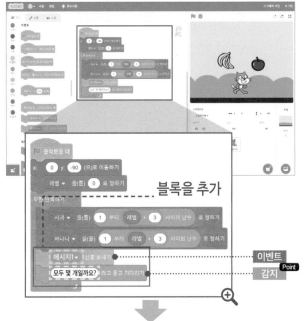

▶ 입력한 답이 맞는지 판정하고 결과를 표시합니다. 블록을 추가합니다.

Point 5개의 블록을 조합해서 만듭니다.

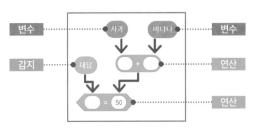

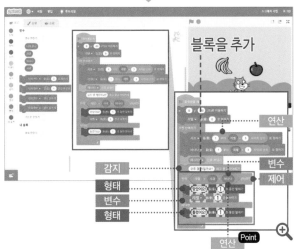

레벨5보다 올라가면, 게임을 끝냅니다.

> **Point** 앞 문제에서 표시한 사과와 바나나를 제거하고 나서 새로운 문제를 냅니다.
> ❶ (확장기능 고르기)
> ❷ '펜'을 클릭합니다.
> ❸ 블록을 추가합니다.

❷ 클릭

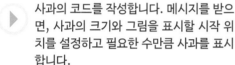

사과의 코드를 작성합니다. 메시지를 받으면, 사과의 크기와 그림을 표시할 시작 위치를 설정하고 필요한 수만큼 사과를 표시합니다.

❶ 스프라이트 목록의 사과를 클릭합니다.
❷ 블록을 나열합니다.

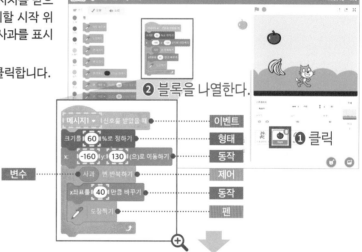

❷ 블록을 나열한다.

바나나의 코드를 작성합니다. 메시지를 받으면, 바나나의 크기와 그림을 표시할 시작 위치를 설정하고 필요한 수만큼 바나나를 표시합니다.

❶ 스프라이트 목록의 바나나를 클릭합니다.
❷ 블록을 나열합니다.

- 좌표가 사과와는 달라집니다.
- 🚩을 클릭해서 동작시켜봅시다.

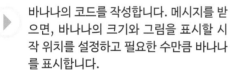

❷ 블록을 나열한다.

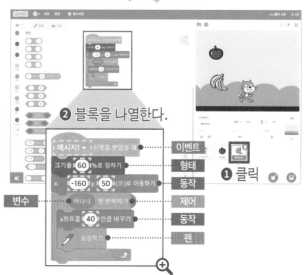

3 달을 탐구해 보자(과학)

할 수 있다 ● 스프라이트 회전
알 수 있다 ● 그림 전환

● 지구와 달의 움직임을 시뮬레이션해 봅시다

달이 차고 기우는 원리를 학습할 수 있는 소프트웨어를 만듭니다. 태양과 지구 사이를 달이 움직임으로써 달에 생기는 그림자를 표시합니다.

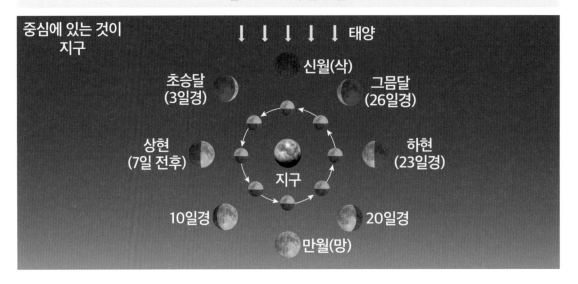

달이 차고 기우는 모습

● 시뮬레이션 소프트웨어의 내용을 생각해 봅시다

지구와 태양과 달 스프라이트를 사용합니다. 달 스프라이트는 달 그림을 따로 준비합니다. 달의 코드로 달이 차고 기우는 모습을 표현합니다. 월(※ 역자 주: 달의 변화를 1일 단위로 나타낸 것)에 해당하는 달 그림은 윈도우에 들어 있는 그림판 등을 사용해서 직접 만들거나, 인터넷으로 검색해서 준비합니다. 또는 교과서를 만드는 회사에서 교재로 제공하기도 합니다. 만약, 그림 한 장에 여러 개의 달 그림이 있을 때는 그림판 등으로 그림을 월령별로 잘라서 이용합니다. 여기서 이용하는 그림은 이 책의 지원 사이트에서도 제공합니다. 지원 사이트에 관해서는 6페이지를 참조하세요. 그림판에 관해서는 113페이지와 120페이지를 참조하세요.

> **프로그램의 개요**
> (1) 월령에 맞는 달 그림을 준비한다.
> (2) 지구는 움직이지 않고 중심에 있다.
> (3) 달이 지구 주위를 돈다.
> (4) 달의 위치에 따라 모양을 변경한다.

준비할 그림

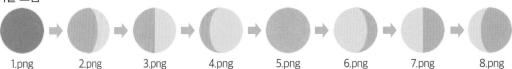

1.png 2.png 3.png 4.png 5.png 6.png 7.png 8.png

달의 변화를 시뮬레이션하자

무대의 배경을 설정합니다. '지구'와 '태양' 스프라이트를 추가하고, 고양이 블록은 삭제합니다.

❶ (배경 고르기)를 클릭하고, '배경 고르기' 화면에서 'Stars'를 선택합니다.
❷ 스프라이트 목록의 고양이를 클릭합니다.
❸ 🗑 을 클릭해서 고양이를 삭제합니다.
❹ (스프라이트 고르기)를 클릭하고, '스프라이트 고르기' 화면에서 'Earth'와 'Sun'을 각각 선택합니다.

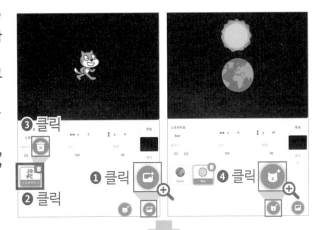

준비한 달 그림을 불러옵니다.

❶ (스프라이트 고르기) 위로 마우스를 가져갑니다.
❷ (스프라이트 업로드하기)를 클릭하고, 달 그림(1.png)를 불러옵니다.
❸ 모양 탭을 클릭합니다.
❹ (모양 고르기) 위로 마우스를 가져갑니다.
❺ (모양 업로드하기)를 클릭합니다.
❻ 나머지 달 그림(2.png~8.png)를 추가합니다.

• 달의 크기 100 의 수치를 변경해서 조정합니다.
• 여기서는 지구의 주위를 8등분 해서 돌기 때문에, 8개의 그림을 준비했습니다. 달 그림을 모양 목록에 월령순으로 나열합니다. 차례대로 번호를 붙입니다.

❹ 마우스를 위로 가져간다.　❶ 마우스를 위로 가져간다.

지구의 위치를 무대의 중심(0, 0)으로 설정합니다.

❶ 스프라이트 목록의 지구를 클릭합니다.
❷ 코드 탭을 클릭합니다.
❸ 블록을 나열합니다.

※ 노란색 점선으로 에워싼 부분은 화면 그대로 입력이나 설정을 해주세요.

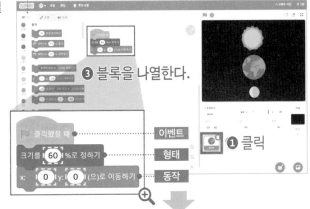

❸ 블록을 나열한다.

🏳 클릭했을 때 — 이벤트
크기를 60 %로 정하기 — 형태
x: 0 y: 0 (으)로 이동하기 — 동작

태양의 위치를 무대 위쪽(0, 160)으로 설정합니다.

❶ 스프라이트 목록의 지구를 클릭합니다.
❷ 블록을 나열합니다.

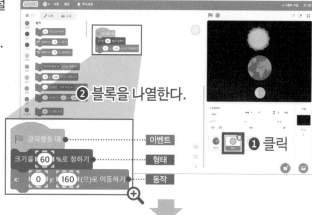

❷ 블록을 나열한다.

❶ 클릭

이벤트
형태
동작

달 스프라이트가 지구 주위를 돌도록 45도씩 지구 주위를 움직입니다. '각도'라는 변수를 만듭니다.

❶ 스프라이트 목록의 달을 클릭합니다.
❷ 변수 카테고리를 클릭합니다.
❸ [변수 만들기]를 클릭합니다.
❹ 변수 이름에 '각도'라고 입력합니다.
❺ [확인]을 클릭합니다.
❻ 체크 표시를 해제합니다.

❹ 입력

❸ 클릭

❺ 클릭

❷ 클릭

변수 만들기
□ 각도

❻ 해제

❶ 클릭

달의 코드를 작성합니다. 지구 중심에서 달까지의 거리를 80으로 하고, 45도씩 회전시킵니다. 달은 모양을 다음 모양으로 바꿔갑니다. 블록을 나열합니다.

• 모양은 미리 월령에 맞춰 정렬해 둡니다.
• 더 연구하고 싶은 경우에는 좀 더 세밀하게 회전시켜서 실제 월령과 달의 위치를 맞추거나 각도를 자유롭게 변경할 수 있게 할 수도 있습니다.
• 🏳 을 클릭해서 동작시켜봅시다.

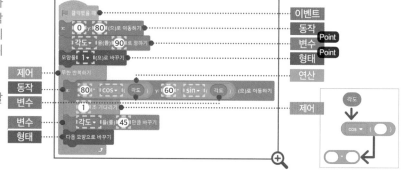

블록을 나열한다.

Point 각도를 90도로 하는 것은 달의 시작 위치를 태양과 지구 사이로 하기 위해서입니다.

Point 처음에 표시할 달을 지정합니다.

제어
동작
변수
변수
형태

이벤트
동작   Point
변수   Point
형태
연산
제어

각도
COS ▼ ( )

● 스크래치에서 다룰 수 있는 그림 파일의 종류

그림 파일에는 다양한 형식이 있습니다. 주요 그림 파일 형식으로는 Windows에서 사용되는 BMP(비트맵) 형식이나 인터넷이나 디지털 카메라에서 흔히 사용되는 JPEG 형식이 있습니다. 스크래치에서는 JPEG 형식과 PNG 형식의 그림 파일을 이용할 수 있습니다.

종류	특 징	확장자
BMP(비트맵) 형식	Bitmap의 줄임말. 압축되지 않아 그림의 열화가 없는 형식이며 Windows 표준이다. 크기가 크다.	BMP
JPEG(제이펙) 형식	Joint Photographic Experts Group의 줄임말. 압축된 그림 파일 형식. 디지털 카메라 등에서 표준. 크기를 줄일 수 있다.	JPG
GIF(지프) 형식	Graphics Interchange Format의 줄임말. 압축되어 있고, 최대 색상 수에 제한이 있다.	GIF
PNG(피엔지) 형식	Portable Network Graphics의 줄임말. 압축된 그림 파일 형식. 네트워크에서 이용할 목적으로 개발되었다.	PNG

윈도우의 그림판에서 이용할 수 있는 형식은 JPEG, PNG, GIF, TIFF, ICO로 스크래치보다 많습니다. 스크래치에서 이용할 수 없는 형식의 그림 파일인 경우, 일단 그림판으로 불러와 JPEG이나 PNG 형식으로 다시 저장하면 스크래치에서 읽어 들일 수 있습니다.

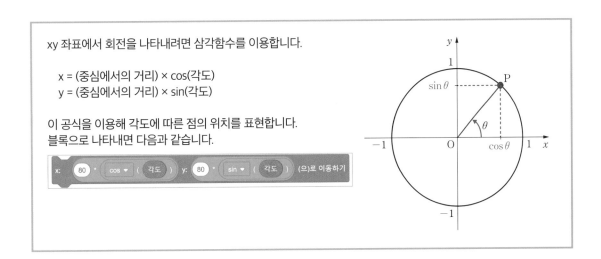

xy 좌표에서 회전을 나타내려면 삼각함수를 이용합니다.

x = (중심에서의 거리) × cos(각도)
y = (중심에서의 거리) × sin(각도)

이 공식을 이용해 각도에 따른 점의 위치를 표현합니다.
블록으로 나타내면 다음과 같습니다.

컴퓨터 시뮬레이션

컴퓨터 내에서 현실 세계를 모델링해 계산시키는 것을 컴퓨터 시뮬레이션이라고 합니다. 컴퓨터로 기상 조건을 고려해 계산함으로써 일기예보의 정확도가 올라간 것은 컴퓨터 시뮬레이션의 성과입니다. 그 밖에도 차의 충돌 실험이나 비행기의 형상 설계 등 큰 비용이 필요하고 여러 번 반복하는 실험에선 컴퓨터 시뮬레이션을 빼놓을 수 없습니다.

4 지역 명소 안내를 만들자(사회) [일본 여행]

할 수 있다 ● 이벤트 처리
알 수 있다 ● 그림 표시, 그림 조절, 복수 스프라이트, 복수 모양, 레이어

※서울시내 고궁 안내
추가 예제 코드

● 일본 지역의 명소를 안내해 봅시다

사회 과목에서 이용할 수 있는 일본 지역 명소 안내 프로그램을 만들겠습니다. 스크래치에 사진이나 일러스트를 배경과 스프라이트로 불러와 지역 명소 안내 프로그램을 만들 수 있습니다.

● 명승지 안내 프로그램을 만들고 동작시켜 봅시다

스크래치를 이용해 명승지 안내 프로그램을 만들어봅시다. 여기서는 일본 요코하마에 있는 야마테 서양관을 안내해 보겠습니다. 지도에 표시된 마커를 클릭하면, 서양관의 사진과 간단한 설명이 나타나는 프로그램입니다. 서양관 그림은 디지털 카메라와 스마트폰 등으로 촬영한 것을 준비했습니다. 여기서 사용하는 그림은 이 책의 지원 페이지(6페이지 참조)에서 제공합니다.

사용할 그림과
지도 상의
서양관의 위치

베릭홀.jpg

에리스만저택.jpg

야마테234번관.jpg

블러프18번관.jpg

지도.jpg

요코하마시영국관.jpg

외교관의집.jpg

마커.jpg

야마테111번관.jpg

[사진]: 저자 마츠시타 코타로 박사, 2017년 5월 촬영

지도와 표시를 설정하자

고양이 스프라이트를 삭제합니다.
❶ 스프라이트 목록의 고양이를 클릭합니다.
❷ 을 클릭해서 고양이를 삭제합니다.

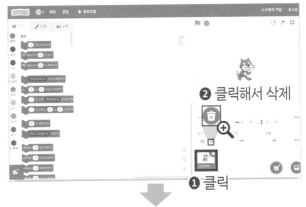

❷ 클릭해서 삭제

❶ 클릭

무대 배경으로 사용할 지도 그림을 불러옵
니다.
❶ (배경 고르기) 위로 마우스를 가져
갑니다.
❷ 🔼 (배경 업로드하기)를 클릭해서, 지
도 그림을 불러옵니다.
여기서는 '지도.jpg'를 사용했습니다.

❷ 클릭

❶ 마우스를
위로
가져간다.

지도 상의 위치 표시에 사용할 그림을 불러
와서 크기를 조절합니다.
❶ (스프라이트 고르기) 위로 마우스
를 가져갑니다.
❷ 🔼 (스프라이트 업로드하기)를 클릭
하고, '마커' 그림을 불러옵니다.
여기서는 '마커.jpg'를 사용했습니다.
❸ 크기를 '30'으로 지정합니다.

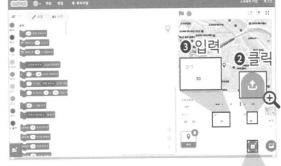

❸ 입력

❷ 클릭

크기
30

❶ 마우스를
위로 가져간다.

지도 구하기
지도는 다음 서비스 사이트에서 구할 수 있습니다.
• Google 맵: https://www.google.com/maps/
• Kakao 맵: https://map.kakao.com/

사용하는 그림의 크기
• 지도 960 × 716 픽셀
• 서양관 1,008 × 756 픽셀
• 마커 71 × 101 픽셀

서양관 그림을 하나 불러와서 크기를 조정합니다.

❶ 모양 탭을 클릭합니다.

❷ (모양 고르기) 위로 마우스를 가져갑니다.

❸ (스프라이트 업로드하기)를 클릭하고, 서양관 그림을 불러옵니다.

여기서는 '외교관의집.jpg'를 사용했습니다.

❹ 크기를 '30'으로 설정합니다.

 ❷ 마우스를 위로 가져간다.

마커를 지도에서 올바른 위치로 이동합니다.

❶ '마커'를 클릭합니다.

❷ '마커'를 지도 상의 올바른 위치로 드래그합니다.

를 지도 상의 서양관이 있는 위치로 드래그해서 이동시킵니다.

레이어

그림 등을 그리는 면(층)을 레이어라고 합니다. 같은 위치에 여러 개의 그림이 겹치는 경우, 어느 그림이 위에 오는지 레이어의 앞뒤 관계를 고려해야만 합니다. 스크래치에서는 '형태' 카테고리의 맨 앞쪽 ▼ 으로 순서 바꾸기 블록 등을 사용해 레이어의 앞뒤 관계를 조절할 수 있습니다.

레이어 대책이 없을 때

'마커' 기호가 건물 위로 표시된다(실패 예).

레이어 대책이 있을 때

'마커' 기호 위로 건물이 표시된다(정상 예).

'마커'의 코드를 작성하자

❶ 클릭

※ 노란색 점선으로 에워싼 부분은 화면 그대로 입력이나 설정을 해주세요.

▶ '마커'를 클릭하면 서양관 그림과 안내가 표시되도록 합니다.

❶ 코드 탭을 클릭합니다.
❷ 초기화를 위한 블록을 나열합니다.
❸ 마커가 클릭됐을 때의 처리를 하는 블록을 나열합니다. 레이어 대책으로서 맨 앞쪽▼ 으로 순서 바꾸기 블록을 사용합니다.

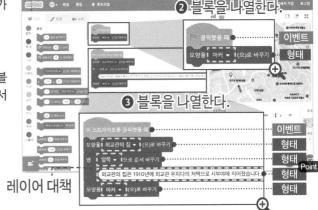

❷ 블록을 나열한다.

❸ 블록을 나열한다.

레이어 대책

Point 문장이 길어서 잘렸지만, 사용된 블록과 입력 내용은 다음과 같습니다.

외교관의 집은 1910년에 외교관 우치다의 저택으로 시부야에 지어졌습니다. 1997년에 현재 위치로 옮겨졌습니다. 을(를) 2 초 동안 말하기

▶ 마찬가지로 다른 서양관 안내도 만듭니다.

⚑ 을 클릭해서 동작시켜봅시다.

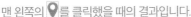

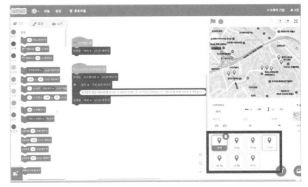

맨 왼쪽의 📍 를 클릭했을 때의 결과입니다.

복사 기능 이용하기

같은 종류의 스프라이트를 만들 때는 복사 기능을 이용하면 편리합니다. 스프라이트 목록의 스프라이트를 우클릭하고 '복사'를 선택하면, 스프라이트의 모양과 코드 등이 모두 복사됩니다. 필요한 수만큼 복사하고 모양의 그림이나 코드의 내용을 변경하면 되므로, 처음부터 모두 만드는 것보다 간단하고 편리합니다.

5   명화를 감상하자(미술)

할 수 있다   ● 회전, 색의 효과
알 수 있다   ● 그림 불러오기, 그림 전환

● 인터넷에 공개된 명화에 접속해 봅시다

저작권법에서는 저작권 보호 기간이 지난 저작물은 인류의 유산으로서 자유롭게 이용할 수 있습니다. 인터넷의 보급과 함께 저작권 보호 기간이 종료된 작품이 공유되고 있습니다. 이 작품들은 그림 파일로서 다운로드할 수 있습니다. 이 책에서는 다음 사이트를 이용합니다. 퍼블릭도메인이란 저작권 걱정 없이 자유롭게 이용할 수 있는 상태의 작품을 가리킵니다. 검색 사이트에서 '세계의 명화', '퍼블릭도메인'을 키워드로 검색하세요. 작품을 몇 개 다운로드해 봅시다.

> 퍼블릭도메인 세계의 명화
> https://artvee.com/

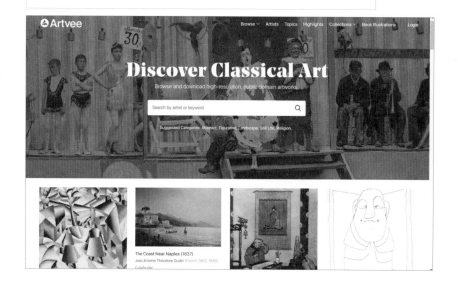

● 감상용 프로그램의 역할을 결정하자

명화를 표시하고, 회전시키거나 색 효과를 바꾸면서 감상할 수 있도록 합니다. 컴퓨터만의 특별한 감상 방법을 실현해 보겠습니다.

> **프로그램의 개요**
> (1) 감상용 그림 파일을 준비한다.
> (2) 명화(그림)을 표시한다.
> (3) 명화(그림)을 회전시킨다.
> (4) 명화(그림)의 색을 변화시킨다.

스크래치로 그림을 불러오자

모양으로 명화(그림)을 불러옵니다.
❶ 모양 탭을 클릭합니다.
❷ (모양 고르기) 위로 마우스를 가져
갑니다.
❸ (모양 업로드하기)를 클릭하고, 명
화(그림)을 불러옵니다.
❹ 다른 그림도 같은 방법으로 불러옵니다.
미리 다운로드 해둔 그림 파일을 지정합니다.

필요없는 모양을 삭제합니다.
❶ 고양이 모양을 클릭합니다.
❷ 을 클릭해서 고양이 모양을 삭제합
니다.
❸ 또 하나의 고양이 모양도 마찬가지로 삭
제합니다.
❹ 처음에 표시하고 싶은 명화를 클릭합
니다.

그림 다운로드와 다듬기

인터넷 상의 그림을 가져오는 방법에는 몇 가지가 있습니다. 여기서는 브라우저로 '이미지를 다른 이름으로 저장' 하는 방법과 '스크린샷을 찍는 방법'을 설명합니다.

① 이미지를 다른 이름으로 저장하기

웹브라우저로 표시한 그림을 '우클릭'하면 메뉴가 나타납니다. 메뉴에서 '이미지를 다른 이름으로 저장…' 을 클릭하면 그림 파일을 다운로드할 수 있습니다(※ 역자 주: 웹브라우저에 따라 표시되는 메뉴의 이름은 조금씩 다릅니다).

문서 폴더 등에 저장한 파일을 그림판 등의 이미지 처리 소프트웨어로 가공합니다. 또한, 저장할 때는 스크래치에서 다룰 수 있는 그림 형식으로 저장할 필요가 있습니다(138페이지 참조).

② 스크린샷 찍기

스크린샷은 화면 캡처라고도 합니다. 키보드의 Print Screen SysRq 키를 누르면, 컴퓨터 화면을 캡처할 수 있습니다. 이 키는 컴퓨터에 따라 위치가 다르니 주의하세요.

Print Screen SysRq 키를 누른 후, 그림판 등의 이미지 처리 소프트웨어에서 '붙여넣기'를 선택하면, 캡처한 이미지가 표시됩니다. 표시된 이미지를 편집 등을 거쳐 저장합니다. 이 방법은 화면상에 표시되어 있으면, 어떤 것이든 그림 파일로 만들 수 있습니다.

스크래치로 그림을 다루자

※ 노란색 점선으로 에워싼 부분은 화면 그대로 입력이나 설정을 해주세요.

초기 설정을 합니다.
❶ 코드 탭을 클릭합니다.
❷ 블록을 나열합니다.

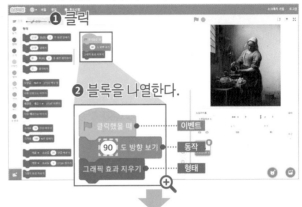

[스페이스] 키를 누르면 다음 작품이 표시되도록 합니다.

블록을 추가합니다.

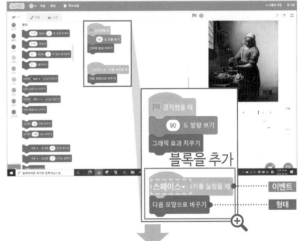

↑ ↓ 키로 색깔 효과를 변화시킬 수 있게 합니다.

블록을 추가합니다.

색깔 효과란?

스크래치에서는 색깔을 수치로 변화시킬 수 있습니다.
 블록은 지정한 수치만큼 표시하는 색깔을 변화시킵니다.

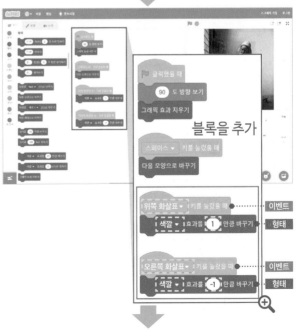

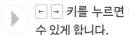

▶ ← → 키를 누르면 밝기 효과를 변화시킬 수 있게 합니다.

블록을 추가

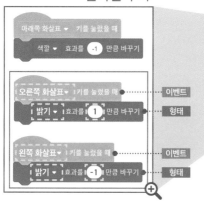

- 아래쪽 화살표 ▾ 키를 눌렀을 때
- 색깔 ▾ 효과를 -1 만큼 바꾸기
- 오른쪽 화살표 ▾ 키를 눌렀을 때 .... 이벤트
- 밝기 ▾ 효과를 1 만큼 바꾸기 .... 형태
- 왼쪽 화살표 ▾ 키를 눌렀을 때 .... 이벤트
- 밝기 ▾ 효과를 -1 만큼 바꾸기 .... 형태

▶ 명화(그림)를 클릭하면, 회전하도록 합니다. 블록을 추가합니다.
- 🏴을 클릭해서 동작시켜봅시다.
- 그림에 다양한 효과를 시험해 보세요.

블록을 추가

- 이벤트 .... 이 스프라이트를 클릭했을 때
- 동작 .... ↻ 방향으로 15 도 돌기

저작물을 다룰 때 주의하세요

저작권법에서는 행위마다 권리가 나뉘어져 있습니다. 학교 수업에서 저작물의 일부분을 복제, 배포, 공연, 전시 또는 공중 송신하는 행위는 저작권법 25조에서 예외로 다루고 있습니다.

다만, 수업에서 이용하기 위해 작성한 스크래치 프로젝트를 인터넷에 공개할 때는 저작권에 유의할 필요가 있습니다.

한편으로, 저작물의 보호 기간(저작자 사후 70년)을 지난 것은 자유롭게 이용할 수 있습니다. 또한, 저작권자가 더 많은 사람이 작품을 이용하도록, 이용 방법에 관한 의사를 표시하는 크리에이티브 커먼즈 라이선스(CCL: Creative Commons License)라는 제도가 있습니다. 이 표시가 붙어 있는 작품도 교재로서 이용할 수 있습니다.

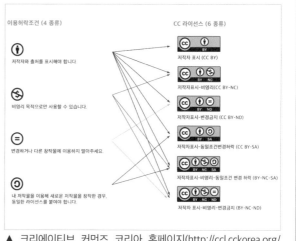

▲ 크리에이티브 커먼즈 코리아 홈페이지(http://ccl.cckorea.org/about/)에서 설명하는 이용 허락 조건의 종류와 표시

6 노래를 만들어 보자(음악)

| 할 수 있다 | ● 반복 처리 |
| 알 수 있다 | ● 음계, 음악 |

● 곡을 만들어 봅시다

스크래치에서는 음계를 다룰 수 있습니다. 명곡을 재현하거나 작곡도 할 수 있어, 음악을 즐길 수 있습니다. 스크래치에서 도레미파솔라시도를 표현할 때는 음악 카테고리의 블록에 음계에 해당하는 번호를 입력합니다.

스크래치의 건반

● 명곡을 스크래치로 들어봅시다

실제로 스크래치로 곡을 만들어 봅시다. 작곡은 어려우므로, 여기서는 명곡인 '작은 별'을 만들어 보겠습니다. 이 책에서는 코드를 작성할 때, 곡을 세 개의 파트로 나누었습니다. 또한, 음계는 스크래치의 건반 번호에 대응하고, 박자는 스크래치 블록의 박자수 수치에 대응합니다.

스크래치로 곡을 만들어 봅시다

곡을 세 개의 파트로 나눕니다. 블록을 나열하고 빠르기를 설정해 첫 번째 파트를 만듭니다.

❶ (확장 기능 추가하기)를 클릭합니다.
❷ '음악'을 클릭합니다.
❸ 블록을 나열합니다.

❷ 클릭

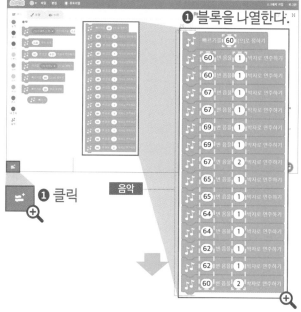

❶ 블록을 나열한다.

음악

❶ 클릭

블록을 추가해서 두 번째 파트를 만듭니다.
블록을 나열합니다.

음악

블록을 나열한다.

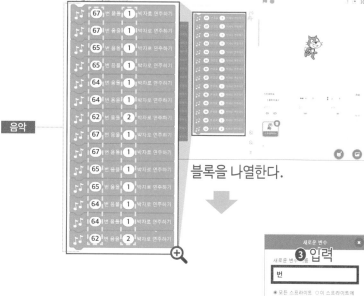

'번'이라는 이름의 변수를 만들어, 몇 번째 파트인지 판단할 때 이용합니다.

❶ '변수' 카테고리를 클릭합니다.
❷ [변수 만들기]를 클릭합니다.
❸ 이름을 '번'이라고 입력합니다.
❹ [확인] 버튼을 클릭합니다.

❶ 클릭

❷ 클릭

❸ 입력

번

❹ 클릭

1부터 3번을 반복하는 처리를 추가합니다.
블록을 추가합니다.

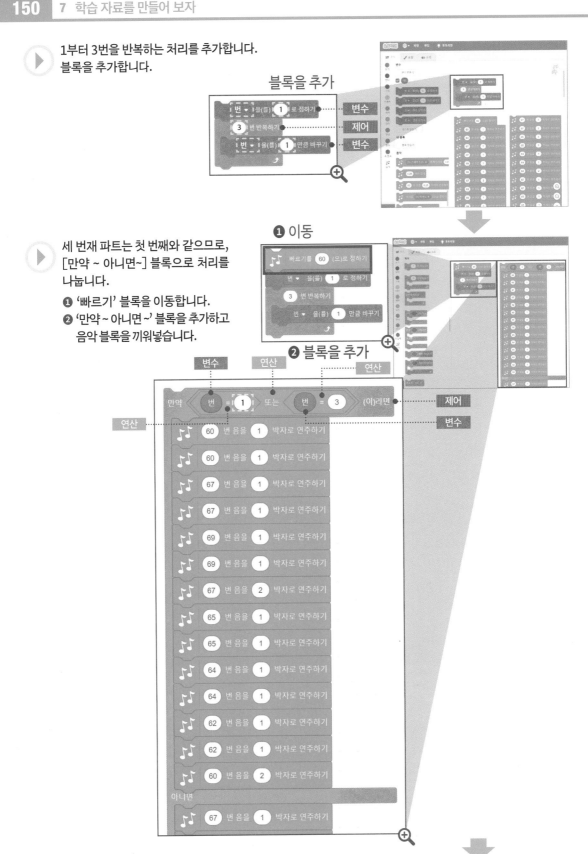

블록을 추가

번 ▾ 을(를) 1 로 정하기 ········· 변수

3 번 반복하기 ········· 제어

번 ▾ 을(를) 1 만큼 바꾸기 ········· 변수

세 번째 파트는 첫 번째와 같으므로,
[만약 ~ 아니면~] 블록으로 처리를
나눕니다.

❶ '빠르기' 블록을 이동합니다.
❷ '만약 ~ 아니면 ~' 블록을 추가하고
　음악 블록을 끼워넣습니다.

❶ 이동

빠르기를 60 (으)로 정하기
번 ▾ 을(를) 1 로 정하기
3 번 반복하기
번 ▾ 을(를) 1 만큼 바꾸기

❷ 블록을 추가

변수　　연산　　　연산

만약 〈 번 = 1 〉 또는 〈 번 = 3 〉 (이)라면 ········· 제어

연산 ········· 　　　　　　　　　　　　　　　　　　　변수

♪♪ 60 번 음을 1 박자로 연주하기
♪♪ 60 번 음을 1 박자로 연주하기
♪♪ 67 번 음을 1 박자로 연주하기
♪♪ 67 번 음을 1 박자로 연주하기
♪♪ 69 번 음을 1 박자로 연주하기
♪♪ 69 번 음을 1 박자로 연주하기
♪♪ 67 번 음을 2 박자로 연주하기
♪♪ 65 번 음을 1 박자로 연주하기
♪♪ 65 번 음을 1 박자로 연주하기
♪♪ 64 번 음을 1 박자로 연주하기
♪♪ 64 번 음을 1 박자로 연주하기
♪♪ 62 번 음을 1 박자로 연주하기
♪♪ 62 번 음을 1 박자로 연주하기
♪♪ 60 번 음을 2 박자로 연주하기

아니면

♪♪ 67 번 음을 1 박자로 연주하기

곡을 완성시킵니다.

❶ 블록을 추가합니다.

❷ 블록을 끼워넣습니다.

• ▶을 클릭해서 동작시켜봅시다.
• 소리가 나지 않을 경우, 컴퓨터의 소리 출력이 켜져있는지 확인하세요.

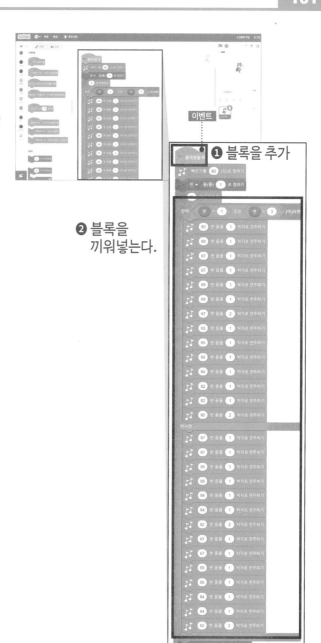

이벤트

❶ 블록을 추가

❷ 블록을 끼워넣는다.

곡의 빠르기를 조절하기

곡의 빠르기를 지정하는 블록의 수치를 변경해서, 빠르기를 변화시킬 수 있습니다. 개인적으로 감상하는 경우에는 듣기 편한 빠르기로 지정하세요.

2배속으로 한다.

1분에 60박자　　　　1분에 120박자

스크래치 공식 웹사이트

스크래치는 매사추세츠공과대학교의 미첼 레스닉 교수에 의해 개발되었습니다. 스크래치는 공식 사이트에 접속해서 웹 상에서 이용할 수 있습니다. 또한, 사용자 등록하고 로그인하면, 스크래치 프로그램을 전세계 사람과 공유할 수 있습니다.

https://scratch.mit.edu/

스크래치 공식 사이트에는 스크래치에 관한 정보가 많이 있습니다. 상단에 있는 메뉴에는 '만들기' '탐험하기' '아이디어' '스크래치 가입'이 있습니다.

만들기

'만들기'에서는 스크래치를 웹 상에서 이용할 수 있습니다.

탐험하기

'탐험하기'에서는 다른 사람이 만들어 공유한 작품을 볼 수 있습니다. 작품을 실행할 수 있을 뿐만 아니라, 우측 상단의 ⟨ 스크립트 보기 ⟩를 클릭하면 스프라이트와 코드도 볼 수 있습니다. 다른 사람의 작품을 탐험하므로써, 다양한 사고 방식을 알 수 있습니다.

아이디어

'아이디어'에는 튜토리얼(간단한 예제)과 교사용 가이드가 있습니다.

스크래치 가입

스크래치 웹사이트 우측 상단에 있는 '스크래치 가입'을 클릭합니다. 자세한 사항은 권말부록(180페이지)을 참조하세요.

1. 사용자 이름과 비밀번호를 입력합니다.
2. 생년월일, 성별, 국가를 선택합니다.
3. 이메일 주소를 입력합니다.

위 과정을 마치면, 계정 등록이 완료됩니다. 좋은 작품이 완성되면, 꼭 공개해 봅시다.

8장

알고리즘을 배우자

이 장에서는 스크래치 프로그래밍으로 기본 알고리즘을 이해해 보겠습니다. 변수, 리스트 등 알고리즘을 이해하는 데 꼭 필요한 개념을 학습합니다. 이 장을 통해 스크래치의 실용성과 논리적인 분야에 이용하는 체험을 통해 스크래치와 프로그래밍의 가능성을 한층 더 깊이 알 수 있습니다. 또, 앞으로 컴퓨터과학을 배우고 싶은 사람에겐 그 입구가 됩니다.

1   리스트와 난수를 알아 보자

할 수 있다	● 리스트 만들기, 난수 생성, 리스트에 난수 자동으로 입력하기
알 수 있다	● 리스트(배열), 난수

● 리스트를 알아 봅시다

리스트를 잘 사용할 수 있게 되면, 다양한 수학적 처리를 할 수 있습니다. 스크래치에서 말하는 리스트는 프로그래밍 세계에서는 **배열**이라고 합니다. 배열은 **리스트 이름**(배열 이름), **첨자**(요소 번호), **값**(데이터)으로 구성됩니다. 다음 예는 다섯 개의 요소로 이루어진 리스트(배열)의 구조와 스크래치에서 리스트를 표현하는 방법입니다.

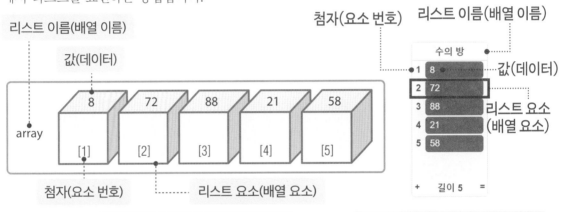

리스트(배열)의 구조   스크래치의 리스트(배열) 표현

● 리스트의 용도를 알아 봅시다

리스트(배열)는 많은 데이터를 다룰 때 이용합니다. 프로그래밍으로 데이터를 정렬할 때도 리스트(배열)를 사용하면 편리합니다. 리스트(배열)는 성적판정, 데이터 집계, 데이터 분류 등에서 이용됩니다.

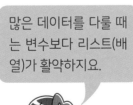

많은 데이터를 다룰 때는 변수보다 리스트(배열)가 활약하지요.

리스트(배열) 안의 값(데이터)을 참조하는 방법

리스트(배열)에 저장된 값(데이터)을 참조할 때는 첨자(요소 번호)를 지정해서 참조합니다. 다음 예에서는 세 번째 값(88)을 참조하는 방법을 나타냅니다.

리스트(배열)의 사고방식   스크래치의 경우

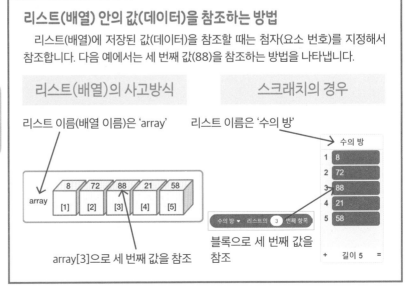

리스트 이름(배열 이름)은 'array'   리스트 이름은 '수의 방'

array[3]으로 세 번째 값을 참조   블록으로 세 번째 값을 참조

리스트(배열)를 만들어 봅시다

'수의 방'이라는 이름의 리스트를 만들고 세 개의 요소를 작성해 그 안에 값을 넣습니다.

수의 방	수의 방	수의 방
(비어 있음)	1 / 2 / 3	1 25 / 2 12 / 3 2
+ 길이 0 =	+ 길이 3 =	+ 길이 3 =
리스트를 준비	요소를 작성	숫자를 입력

리스트(배열)를 만듭니다.
❶ '변수' 카테고리를 클릭합니다.
❷ [리스트 만들기]를 클릭합니다.
❸ '수의 방'이라고 입력합니다.
❹ [확인] 버튼을 클릭합니다.
❺ 빈 리스트가 만들어집니다.

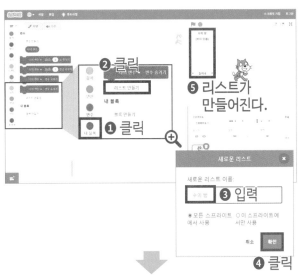

리스트 이름은 내용을 알기 쉽게 붙이자.

리스트의 요소를 만듭니다.
❶ 리스트의 ➕ 를 3번 클릭합니다.
❷ 리스트의 요소(방)이 세 개 만들어집니다.

❶ 25를 입력

리스트의 요소에 수를 입력합니다.
❶ 25를 입력합니다.
❷ 12를 입력합니다.
❸ 2를 입력합니다.

리스트의 요소 제거하기

리스트의 요소는 삭제할 수 있습니다. 삭제하고 싶은 요소를 클릭하고, 오른쪽에 표시되는 ✖ 를 클릭하면 그 요소가 삭제됩니다.

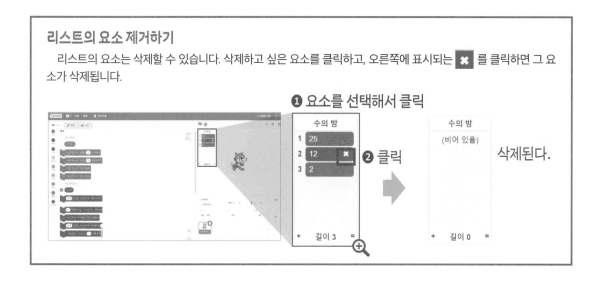

❶ 요소를 선택해서 클릭

❷ 클릭

삭제된다.

● 리스트와 난수를 조합해 봅시다

리스트에 적당한 수를 입력해야 하는 경우, 리스트와 난수를 조합해서 사용하면 편리합니다. 리스트의 요소가 많으면 입력 작업에 시간이 걸리지만, 난수를 사용하면 입력하는 수고를 덜 수 있습니다.

난수를 사용해 리스트에 수치를 입력하자

 '수의 방'이라는 이름의 리스트를 만듭니다.
❶ '변수' 카테고리를 클릭합니다.
❷ [리스트 만들기] 클릭합니다.
❸ '수의 방'이라고 입력합니다.
❹ [확인] 버튼을 클릭합니다.
❺ 빈 리스트가 만들어집니다.

❶ 클릭

❷ 클릭

❺ 리스트가 만들어진다.

리스트에 난수를 넣어보자.

새로운 리스트

새로운 리스트 이름:

수의 방   ❸ 입력

⦿ 모든 스프라이트에서 사용   ○ 이 스프라이트에서만 사용

취소   확인   ❹ 클릭

'방의 수'라는 이름의 변수를 만듭니다.

❶ [변수 만들기]를 클릭합니다.
❷ '방의 수'라고 입력합니다.
❸ [확인] 버튼을 클릭합니다.
❹ 변수가 만들어집니다.

• 변수 '방의 수'는 리스트 '수의 방'의 요소를 정의합니다.
• 변수에 관해서는 4-8(84페이지)를 참조하세요.

※ 노란색 점선으로 에워싼 부분은 화면 그대로 입력이나 설정을 해주세요.

리스트 '수의 방'을 초기화합니다. 리스트 '수의 방'을 비우고, 요소를 다섯 개 만들 준비를 합니다.

• 방의 수(리스트 요소의 수)는 몇 개라도 상관없습니다. 여기서는 5개로 했습니다.
• 리스트를 초기화하지 않으면, 실행할 때마다 새로운 요소가 지금 있는 요소 뒤에 추가되어 리스트가 커져버립니다.
• **수의 방 ▾ 의 항목을 모두 삭제하기** 블록은 리스트 '수의 방'의 모든 요소를 삭제해서 리스트를 비웁니다.

1부터 100 사이의 난수를 '방의 수'만큼 생성해서, 리스트 '수의 방'에 넣습니다.

❶ 블록을 추가합니다.
❷ ▶을 클릭하여 실행하면, 리스트 '수의 방'에 값이 들어갑니다.

수의 방	
1	57
2	21
3	26
4	74
5	30

---- ❷ 값이 들어간다.

+   길이 5   =

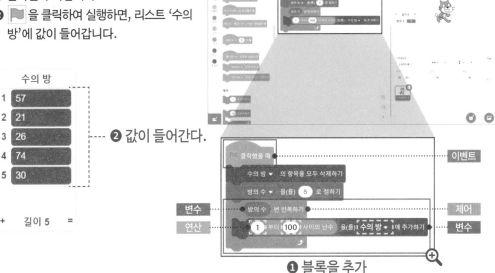

❶ 블록을 추가

2 원하는 숫자를 찾아 보자

| 할 수 있다 | ● 수의 정렬 |
| 알 수 있다 | ● 탐색, 선형탐색 |

● 선형탐색을 알아 봅시다

원하는 수를 찾는 방법으로써 가장 자주 사용되는 것이 **선형탐색**입니다. 리스트의 첫 번째 요소부터 차례대로 조사해서 원하는 수를 찾습니다.

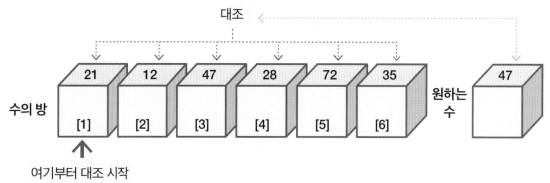

● 원하는 수를 찾는 흐름도

n개의 요소로 이루어진 리스트에서 원하는 수가 들어있는 요소(방)를 탐색하는 알고리즘의 흐름도는 다음과 같습니다. 입력한 수와 일치하는 수가 들어있는 요소(방)를 발견하면, 그 요소의 첨자(방 번호)를 표시합니다. 같은 수가 여러 개 있는 경우는 모든 첨자(방 번호)를 표시합니다.

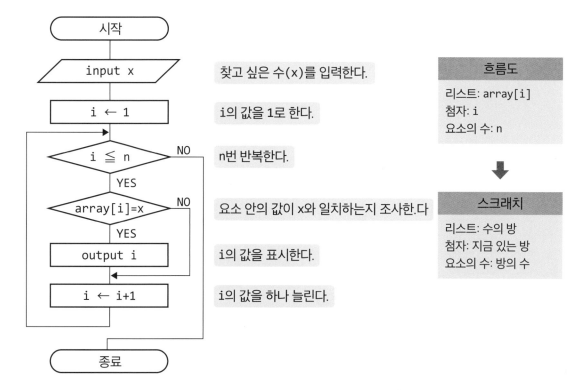

방 번호를 찾는 코드를 만들자

▶ 프로그램을 실행
했을 때의 흐름은
다음과 같습니다.

▶ '수의 방'이라는 이름을 가진 리스트를 만
듭니다.

❶ '변수' 카테고리를 클릭합니다.
❷ [리스트 만들기]를 클릭합니다.
❸ '수의 방'이라고 입력합니다.
❹ [확인] 버튼을 클릭합니다.
❺ 빈 리스트가 만들어집니다.

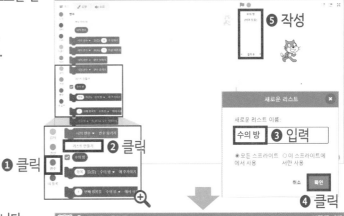

▶ '지금 있는 방'이라는 변수를 만듭니다.

❶ [변수 만들기]를 클릭합니다.
❷ '지금 있는 방'이라고 입력합니다.
❸ [확인] 버튼을 클릭합니다.
❹ 변수가 만들어집니다.

▶ '방의 수'라는 이름을 가진 변수를 만듭니다.

❶ [변수 만들기]를 클릭합니다.
❷ '방의 수'라고 입력합니다.
❸ [확인] 버튼을 클릭합니다.
❹ 변수가 만들어집니다.

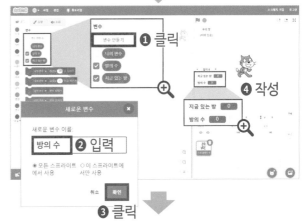

※ 노란색 점선으로 에워싼 부분은 화면 그대로 입력이나 설정을 해주세요.

▶ 리스트 '수의 방'을 초기화하고, 변수 '방의 수'를 7로 설정합니다.

- 수의 방 ▼ 의 항목을 모두 삭제하기 블록은 리스트 '수의 방'의 모든 요소를 삭제해서 비웁니다.
- 방의 수(리스트 요소의 수)는 몇 개라도 상관없습니다. 여기서는 7로 했습니다.

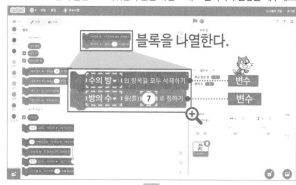

▶ 1부터 10 사이의 난수를 발생시켜, 리스트 '수의 방'에 넣습니다.

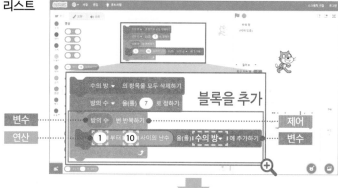

▶ 찾으려는 수를 입력하는 부분을 만듭니다. 1번 방(첫 번째 방)부터 탐색을 시작합니다.

▶ 입력된 수와 리스트 '수의 방'에 들어있는 수를 대조하는 부분을 만듭니다.

대답 은 입력된 수(찾는 수)입니다. 리스트의 요소와 일치하면 방 번호(요소의 인덱스)를 고양이가 알려줍니다.

Point 블록은 다음과 같이 만듭니다.

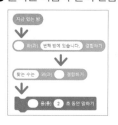

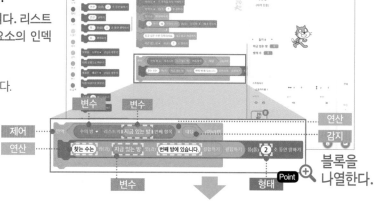

입력된 수를 리스트 '수의 방'의 첫 번째 방
부터 차례로 대조해 가는 부분을 만듭니다.
'방의 수' 만큼 반복합니다.

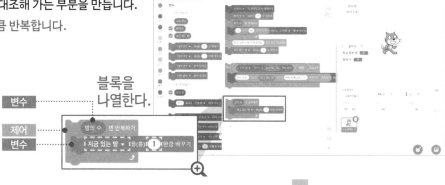

변수 ······· 블록을
제어 ······· 나열한다.
변수

블록을 연결해서 완성합니다.

❶ 🏳 클릭했을 때 블록을 추가합
니다.

❷ 블록을 연결합니다.

더 이전 단계에서 연결해도 상관
없습니다.

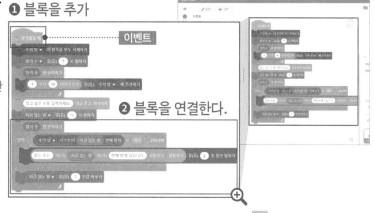

❶ 블록을 추가

이벤트

❷ 블록을 연결한다.

실행해봅시다.

❶ 🏳 을 클릭합니다.
❷ 리스트 '수의 방'에 수가 들어갑니다.
❸ 찾는 수를 입력합니다.
❹ ✅ 를 클릭합니다.
❺ 찾는 수가 발견되면, 고양이가 몇 번째
　요소에 있는지 알려줍니다.

찾는 수가 여러 개 있을 때는 고양이가 여러 번
말을합니다. 찾는 수가 발견되지 않을 때는 고
양이가 말을 하지 않습니다.

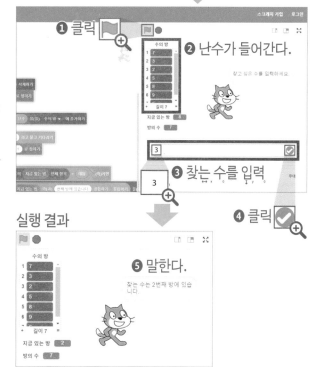

❶ 클릭

❷ 난수가 들어간다.

찾고 싶은 수를 입력하세요

❸ 찾는 수를 입력

❹ 클릭

실행 결과

❺ 말한다.

찾는 수는 2번째 방에 있습
니다.

3 성적 판정을 해 보자

할 수 있다 ● 성적 판정
알 수 있다 ● 조건 분기

● 데이터를 분류하는 처리를 알아 봅시다

성적 판정 등 데이터를 분류하는 경우에는 조건 분기로 처리할 수 있습니다.

점수에 따라 A, B, C로 성적을 분류한다.

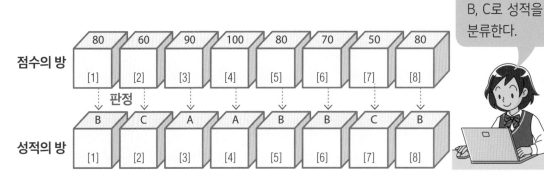

● 성적 판정 흐름도

학생 n명의 점수를 판정하는 흐름도는 다음과 같습니다. 81점~100점은 A, 61점~80점은 B, 60점 이하는 C로 분류합니다. 점수는 0부터 100 사이의 정수입니다.

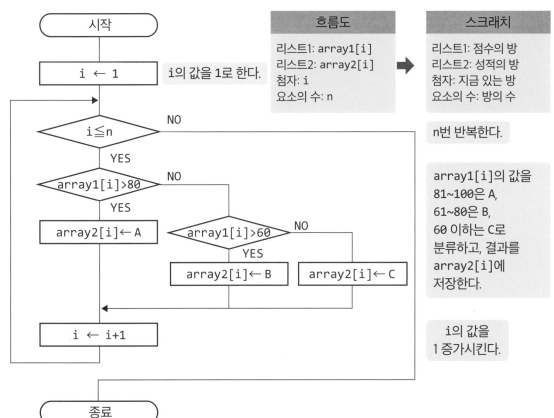

성적을 판정하는 코드를 만들자

 프로그램을 실행했을 때의 흐름은 다음과 같습니다.

+ 길이 0 = + 길이 0 =   + 길이 5 = + 길이 0 =   + 길이 5 = + 길이 5 =
리스트를 2개 준비　　　리스트에 점수를 입력　　　리스트에 성적을 표시

 '점수의 방'이라는 이름의 리스트를 만듭니다.

❶ '변수' 카테고리를 클릭합니다.
❷ [리스트 만들기]를 클릭합니다.
❸ '점수의 방'이라고 입력합니다.
❹ [확인]을 클릭합니다.
❺ 리스트가 만들어집니다.

무대의 고양이는 스프라이트 목록 위의 　 (보이기)에서 오른쪽 ⊘ 을 클릭하여 보이지 않게 해 둡니다.

 '성적의 방'이라는 이름의 리스트를 만듭니다.

❶ [리스트 만들기]를 클릭합니다.
❷ '성적의 방'이라고 입력합니다.
❸ [확인]을 클릭합니다.
❹ 리스트가 만들어집니다.

• 리스트를 가로로 나란히 배치하면 보기 편해집니다.
• 리스트는 드래그해서 이동할 수 있습니다.

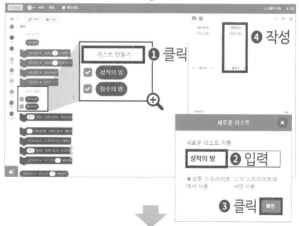

 '지금 있는 방'이라는 이름의 변수를 만듭니다.

❶ [변수 만들기]를 클릭합니다.
❷ '지금 있는 방'이라고 입력합니다.
❸ [확인]을 클릭합니다.
❹ '변수'가 만들어집니다.

변수에 대해서는 4-8(84페이지)를 참조하세요.

▶ 리스트 '점수의 방'에 수(점수)를 입력합니다.

❶ 0에서 100 사이의 정수를 입력합니다.
- 0에서 100 사이의 정수를 입력합니다.
- 숫자를 입력하는 방법은 155페이지를 참조하세요.

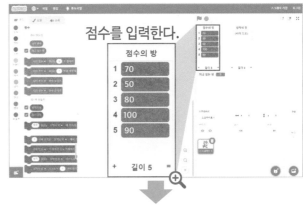

※ 노란색 점선으로 에워싼 부분은 화면 그대로 입력이나 설정을 해주세요.

▶ '성적의 방' 리스트를 초기화합니다.

Point 두 개의 리스트 중, '성적의 방' 리스트만 초기화합니다. 리스트를 초기화하지 않으면, 실행할 때마다 새로운 요소가 추가되어, 리스트가 커져버립니다. '점수의 방' 리스트는 처음 요소부터 수치를 직접 입력하므로, 초기화하지 않아도 영향은 없습니다.

`성적의 방 ▾ 의 항목을 모두 삭제하기` 블록은 리스트 '성적의 방'의 모든 요소를 삭제해서 비웁니다.

▶ 성적이 'A'인 경우의 처리를 추가합니다. 성적은 'A = 81점 ~ 100점', 'B = 61점 ~ 80점', 'C = 0점 ~ 79점'으로 합니다.

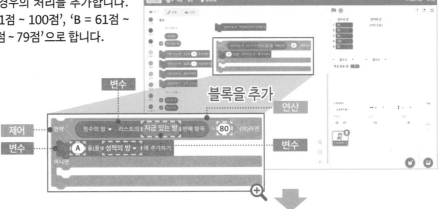

▶ 성적이 'B'인 경우의 처리를 추가합니다.

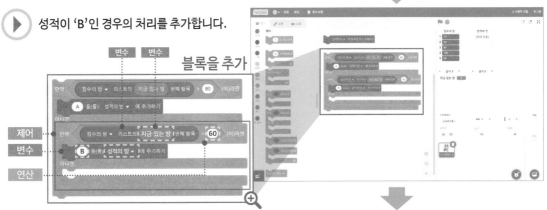

▶ 성적이 'C'인 경우의 처리를 추가합니다.

변수 ······

블록을 추가

▶ 리스트 '점수의 방' 안을 모두 조사하는 처리를 추가합니다.

> **Point** 데이터 수(인원)만큼으로 지정합니다.
> 여기서는 다섯 명분의 성적을 조사하므로 '5'로 했습니다.

이벤트 ······
변수 ······
Point
제어 ······

블록을 추가

변수 ······

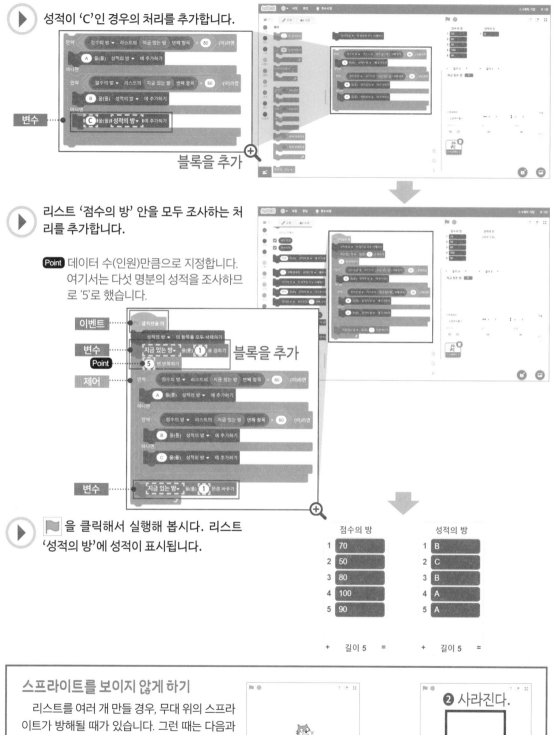

▶ 🏳 을 클릭해서 실행해 봅시다. 리스트 '성적의 방'에 성적이 표시됩니다.

점수의 방		성적의 방	
1	70	1	B
2	50	2	C
3	80	3	B
4	100	4	A
5	90	5	A

+ 길이 5 = + 길이 5 =

스프라이트를 보이지 않게 하기

리스트를 여러 개 만들 경우, 무대 위의 스프라이트가 방해될 때가 있습니다. 그런 때는 다음과 같이 스프라이트를 보이지 않게 할 수 있습니다.

보이기

❶ 클릭

❷ 사라진다.

4 최댓값을 찾아 보자

할 수 있다	● 최댓값 탐색
알 수 있다	● 선형 탐색

● 리스트를 이용해 최댓값을 찾는 방법을 알아 봅시다.

최댓값을 찾는 방법에서 가장 자주 사용되는 방법은 **선형 탐색**입니다. 리스트의 첫 요소부터 조사해서 최댓값을 찾습니다. 구체적으로는 첫 요소의 값을 최댓값이라고 가정하고, 차례로 각 요소의 값을 최댓값과 비교한 후 최댓값보다 큰 값이 발견되면 최댓값을 바꿔넣습니다. 이것을 마지막 요소까지 합니다.

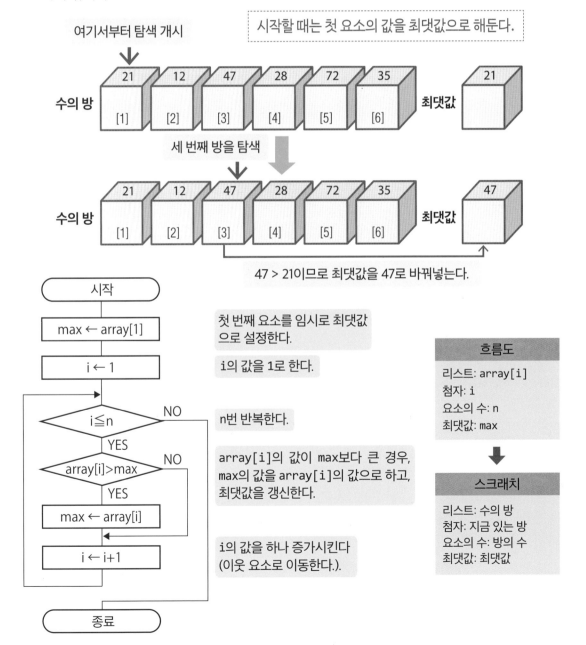

최댓값을 찾는 코드를 만들자

▶ 프로그램을 실행했을 때의 흐름은 다음과 같습니다.

리스트를 준비   리스트에 난수를   최댓값을 추출
자동으로 입력

▶ '수의 방'이라는 이름의 리스트를 만듭니다.

❶ [변수 만들기]를 클릭합니다.
❷ [리스트 만들기]를 클릭합니다.
❸ '수의 방'이라고 입력합니다.
❹ [확인] 버튼을 클릭합니다.
❺ 리스트가 만들어집니다.

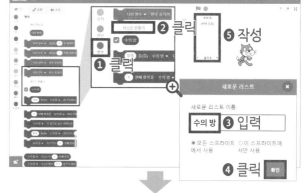

▶ '방의 수'라는 이름의 리스트를 만듭니다.

❶ [변수 만들기]를 클릭합니다.
❷ '방의 방'이라고 입력합니다.
❸ [확인] 버튼을 클릭합니다.
❹ 변수가 만들어집니다.

변수에 관해서는 **4-8**(84페이지)를 참조하세요.

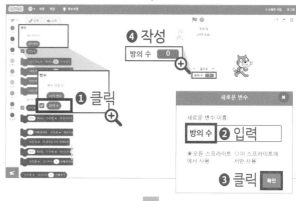

※ 노란색 점선으로 에워싼 부분은 화면 그대로 입력이나 설정을 해주세요.

▶ 리스트 '수의 방'을 초기화합니다. 리스트 '수의 방'을 비우고 요소를 7개 만들 준비를 합니다.

• 방의 수(리스트의 요소 수)는 몇 개라도 상관없습니다. 여기서는 7개로 합니다.

• 블록은 리스트 '수의 방'의 모든 요소를 삭제해서 비웁니다.

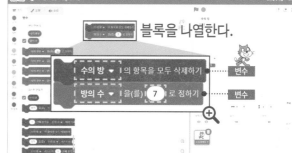

▶ 1부터 100 사이의 난수를 '방의 수'만큼 발생시켜, 리스트 '수의 방'에 넣습니다. 방의 수만큼 반복합니다.

변수

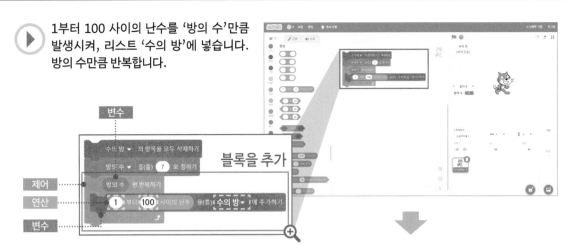

블록을 추가

제어
연산
변수

▶ '지금 있는 방'이라는 이름의 변수와 '최댓값'이라는 이름의 변수를 만듭니다.

변수를 만든다.

▶ '최댓값'을 첫 번째 방(1번 방) 안에 있는 수라고 하겠습니다.

변수
변수

블록을 추가

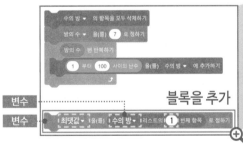

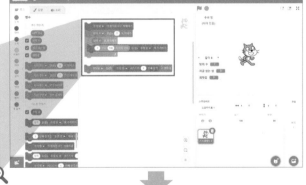

▶ 최댓값보다도 큰 수가 발견된 경우는 그 수를 최댓값으로 합니다.

변수   변수   변수

블록을 추가

제어
연산
변수

변수   변수

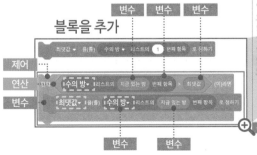

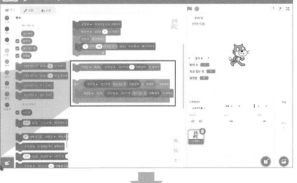

리스트 '수의 방' 안의 수를 첫 번째 방부터
마지막 방까지 조사합니다.

반복하는 횟수는 '방의 수'입니다.

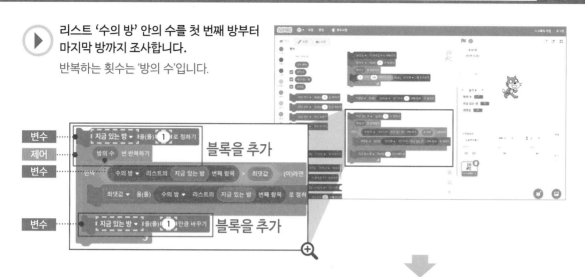

변수 ....

제어 ....

변수 ....

블록을 추가

변수 ....

블록을 추가

난수 발생 부분과 최댓값 탐색 부분을 결
합합니다.

❶ 블록을 추가합니다.
❷ 블록을 연결합니다.

이보다 전 단계에서 결합해도 상관없습니다.

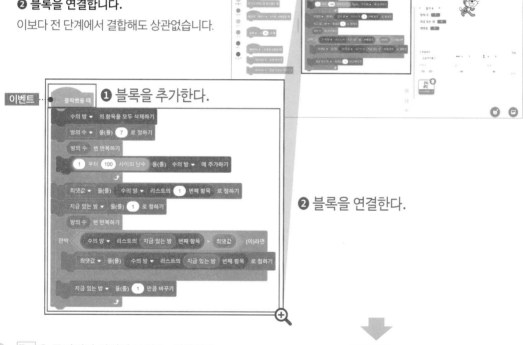

이벤트 .... ❶ 블록을 추가한다.

❷ 블록을 연결한다.

🏴 을 클릭해서 실행해 보세요. 최댓값을
찾아서 표시합니다.

수의 방

1	11
2	28
3	65
4	72
5	80
6	33
7	9

+ 길이 7 =

방의 수 7

지금 있는 방 8

최댓값 80

5 숫자를 차례대로 정리해 보자

할 수 있다	● 수의 정렬
알 수 있다	● 버블 정렬

● '정렬'과 '버블 정렬'을 알아 봅시다

숫자 등의 데이터를 어떤 규칙에 따라 다시 배열하는 것을 **정렬(소트)**이라고 합니다. 그 중에서도 큰 순서나 작은 순서로 배열하는 정렬은 많은 상황에서 사용됩니다.

오름차순	1 2 3 4 5 ⋯
내림차순	10 9 8 7 6 ⋯

대표적인 정렬 방법으로 **버블 정렬**이 있습니다. 버블 소트는 서로 이웃하는 두 수를 비교해 교환하는 정렬 알고리즘입니다. 값이 작은 순서로 정렬하는 것을 **오름차순**, 값이 큰 순서로 정렬하는 것을 **내림차순**이라고 합니다. 버블 소트는 프로그램을 실행하면, 오름차순인 경우는 작은 값이, 내림차순인 경우는 큰 값이 마치 수면 위로 거품이 떠오르는 것처럼 보여서, 버블(bubble: 거품) 정렬이라고 불립니다.

● 버블 정렬의 흐름도

n개의 요소로 구성된 리스트를 오름차순으로 정렬하는 버블 정렬의 흐름도는 다음과 같습니다. 반복 횟수는 요소의 수-1번입니다. 인접한 요소끼리 비교하는 횟수는 1회 반복할 때마다 하나씩 줄어듭니다.

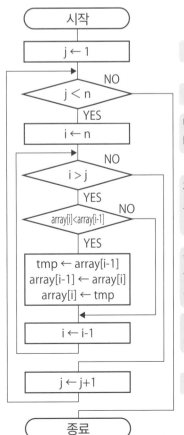

반복 횟수를 1로 초기화한다.

'요소의 수-1'번 반복한다.

탐색을 시작할 요소를 마지막 요소로 한다.

확정된 요소 바로 아래까지 현재 요소(array[i])와 하나 앞의 요소(array[i-1])끼리 비교한다.

현재 요소(array[i])의 값보다 하나 앞의 요소(array[i-1])의 값이 클 때는 값을 서로 교환한다.

i 값을 하나 감소시킨다. (하나 전 요소로 이동)

j 값을 하나 증가시킨다.

흐름도

리스트: array[i]
첨자: i
요소의 수: n
반복횟수: j
임시저장소: tmp

스크래치

리스트: 수의 방
첨자: 지금 있는 방
요소의 수: 방의 수
반복횟수: 반복횟수
임시저장소: 임시저장소

오른쪽 페이지의 그림과 비교하면서 흐름도를 이해해 보세요.

● 버블 정렬의 예를 살펴 봅시다

다음과 같이 다섯 개의 요소로 이루어진 리스트를 오름차순으로 정렬하는 경우를 생각해 봅시다.

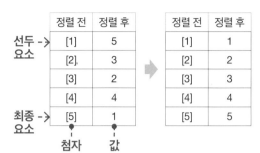

정렬 후에는
선두 요소에 가장 작은 수,
마지막 요소에 가장 큰 수가
들어가지요.

반복 1회째 / 4회 비교

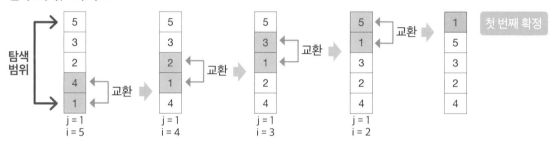

반복 2회째 / 3회 비교

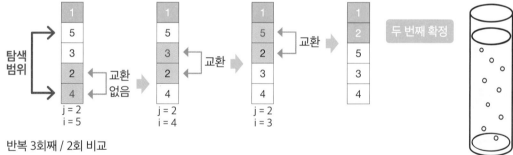

반복 3회째 / 2회 비교

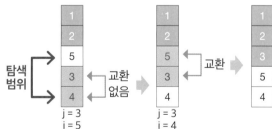

요소의 수가 다섯 개이므로, 위에서부터 네 번째 요소까지 확정되면, 다섯 번째 요소의 값은 자동으로 확정됩니다. 이런 사실을 통해서도 반복 횟수는 '요소의 수 - 1' 회가 된다는 것을 알 수 있습니다.

반복 4회째 / 1회 비교

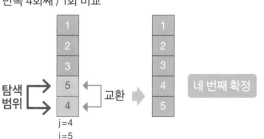

버블 정렬 코드를 만들자

 프로그램을 실행했을 때의 흐름은 다음과 같습니다.

리스트를 준비   리스트에 난수를   버블 정렬을 실행
                    자동으로 입력

 '수의 방'이라는 이름의 리스트를 만듭니다.
❶ '변수' 카테고리를 클릭합니다.
❷ [리스트 만들기]를 클릭합니다.
❸ '수의 방'이라고 입력합니다.
❹ [확인] 버튼을 클릭합니다.
❺ 리스트가 만들어집니다.

 '방의 수'라는 이름의 변수를 만듭니다.
❶ [변수 만들기]를 클릭합니다.
❷ '방의 수'라고 입력합니다.
❸ [확인] 버튼을 클릭합니다.
❹ 변수가 만들어집니다.

• 변수 '방의 수'는 리스트 '수의 방'의 요소 수를 정의합니다.
• 변수에 관해서는 **4-8**(84페이지)를 참조하세요.

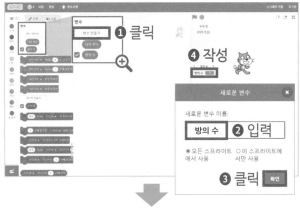

※ 노란색 점선으로 에워싼 부분은 화면 그대로 입력이나 설정을 해주세요.

 리스트 '수의 방'을 초기화합니다. 리스트 '수의 방'을 비우고 요소를 5개 만들 준비를 합니다.

• 방의 수(리스트의 요소 수)는 몇 개라도 상관없습니다. 여기서는 5개로 합니다.
• 리스트를 초기화하지 않으면, 실행할 때마다 새로운 요소가 지금 있는 요소 뒤로 추가되어 리스트가 점점 커집니다.
• 수의 방 ▼ 의 항목을 모두 삭제하기 블록은 리스트 '수의 방'의 모든 요소를 삭제해서 비웁니다.

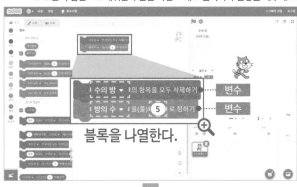

▶ 1부터 100 사이의 난수를 '방의 수'만큼 발생시켜 리스트 '수의 방'에 넣습니다.

블록을 추가

변수
연산
제어
변수

▶ '지금 있는 방', '임시저장소', '반복횟수'라는 세 가지 변수를 만듭니다.

❶ '변수' 카테고리를 클릭합니다.
❷ [변수 만들기]를 클릭합니다.
❸ '지금 있는 방'이라고 입력합니다.
❹ [확인] 버튼을 클릭합니다.
❺ 변수 '지금 있는 방'이 만들어집니다.
❻ 마찬가지로, 변수 '임시저장소'와 변수 '반복횟수'를 만듭니다.

❷ 클릭
❶ 클릭
❺ 작성
❻ 작성
새로운 변수
새로운 변수 이름:
지금 있는 방 ❸ 입력
● 모든 스프라이트에서 사용 ○ 이 스프라이트에서만 사용
❹ 클릭 확인

▶ 버블 정렬 처리를 만듭니다. '지금 있는 방'의 하나 전 방에 있는 수가 큰 경우, 수를 교환합니다.

제어 변수 변수 연산 변수 변수 연산
변수
변수
변수
연산
변수
변수
변수
변수 변수 변수
블록을 추가

▶ '지금 있는 방'을 '방의 수'로 초기화하고, '지금 있는 방'을 -1하면서 '반복횟수'만큼 반복합니다.

Point 탐색은 마지막 방부터 시작합니다.
Point '지금 있는 방'과 '반복횟수'가 같아지면, 반복을 종료합니다. 170페이지의 흐름도에서 'i>j' 부분에 해당합니다.

연산
변수
변수
변수
Point
변수
제어
블록을 추가

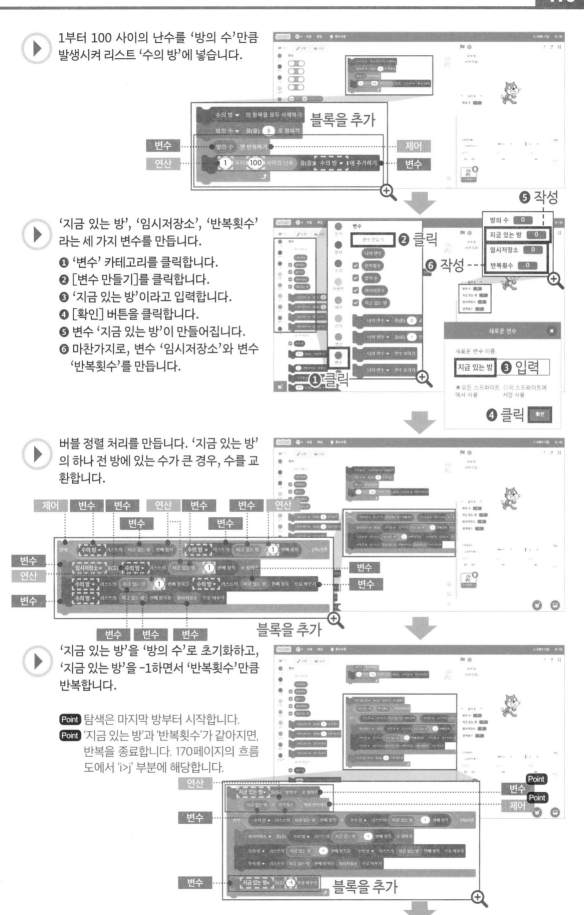

'반복횟수'를 1로 초기화하고, '반복횟수'
를 +1하면서, '방의 수'까지 반복합니다.

> **Point** '반복횟수'와 '방의 수'가 같아지면, 반복
> 을 종료합니다. 170페이지의 흐름도에
> 서 'j < n' 부분에 해당합니다.

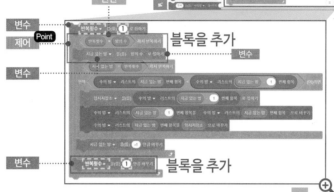

블록을 추가하고, 코드를 결합합니다.
❶ 블록을 추가합니다.
❷ 블록을 결합합니다.
이보다 전단계에서 결합해도 상관없습니다.

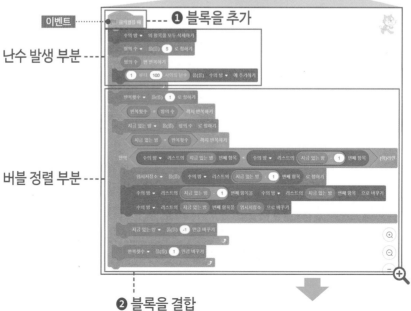

▶ 최초의 수의 배열과 버블 정렬 후의 수의 배열을 확인할 수 있도록, 난수를 저장한 후 3초간 정지하고 나서 버블 정렬를 실행합니다.

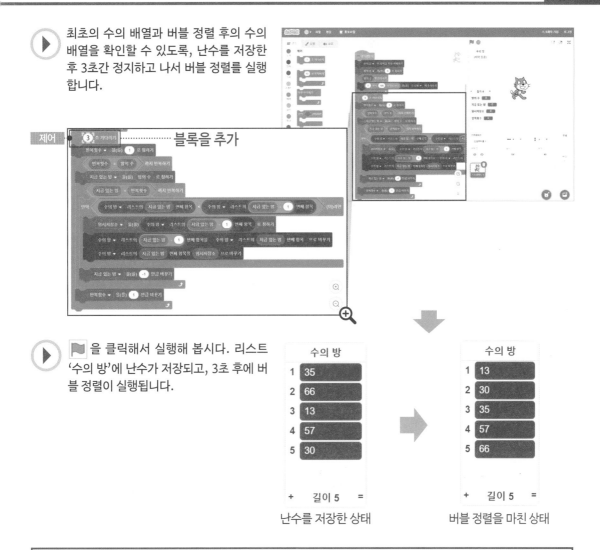

제어 ...... **블록을 추가**

▶ 📶 을 클릭해서 실행해 봅시다. 리스트 '수의 방'에 난수가 저장되고, 3초 후에 버블 정렬이 실행됩니다.

수의 방
1 35
2 66
3 13
4 57
5 30

+ 길이 5 =

난수를 저장한 상태

수의 방
1 13
2 30
3 35
4 57
5 66

+ 길이 5 =

버블 정렬을 마친 상태

리스트 요소 사이의 값 교환하기

리스트 요소 사이의 값 교환은 값을 임시로 대피시킬 변수를 준비함으로써 실현할 수 있습니다. 다음 예에서는 임시 저장소라는 대피용 변수를 이용해 '방1'과 '방2'의 값을 '서로 교환하고 있습니다.

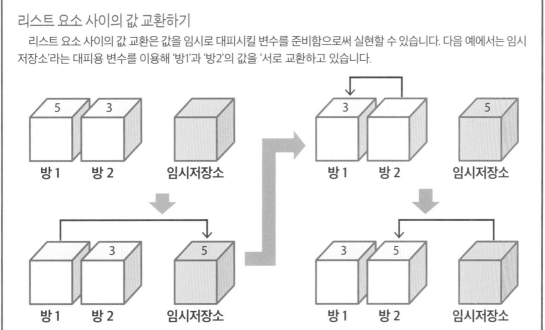

다양한 정렬 알고리즘

지금까지 다양한 정렬 알고리즘이 개발되어 왔습니다. 예를 들어, 정렬 알고리즘에는 기본적으로 버블 정렬, 선택 정렬, 삽입 정렬 등이 있습니다.

또, 고속으로 정렬하는 알고리즘에는 퀵 정렬, 머지 정렬, 셸 정렬 등이 있습니다. 특히 퀵 소트는 널리 이용되고 있습니다.

퀵 정렬

퀵 정렬은 데이터 중에서 기준점(축, 피봇)이 되는 값을 결정하고, 그 기준값과 대소 관계를 비교해 데이터를 기준값 좌우로 배분하는 정렬 방법입니다. 반복할 때마다 비교 범위(그룹) 내의 값의 개수가 줄어듭니다.

예를 들어, '8, 5, 10, 1, 9, 6, 3, 7, 2, 4'를 오름차순 '1, 2, 3, 4, 5, 6, 7, 8, 9, 10'으로 정렬하는 과정은 다음과 같습니다. 기준값보다 작은 수치는 기준값 왼쪽으로 이동하고, 기준값보다 큰 수치는 기준값 오른쪽으로 이동합니다.

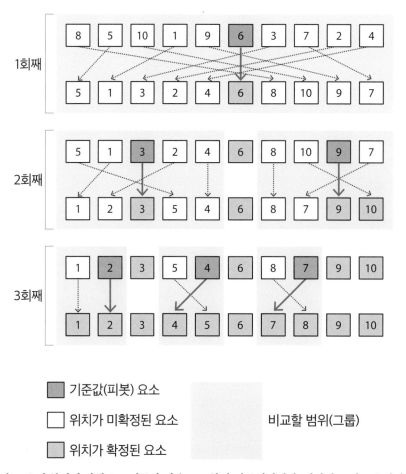

※ 엄밀하게는 좀 더 복잡한 방법으로 기준값 좌우로 교환이 이루어지지만, 여기서는 개요를 나타냈습니다.

9장

부록

스크래치 3.0은 웹브라우저로 스크래치 공식 사이트에 접속해서
사용하는 온라인 버전과 컴퓨터에 설치해서 오프라인으로 사용
할 수 있는 스크래치 앱(오프라인 에디터)이 준비되어 있습니다.
또한, 공식 사이트에 사용자 등록을 하면, 더 즐겁고 편리하게 사
용할 수 있습니다. 여기서는 스크래치 앱의 설치와 실행 방법, 스
크래치 가입 방법, 로그인 방법을 설명합니다.

1 스크래치 앱의 설치와 실행

스크래치 3.0에서는 컴퓨터 등에 설치해서 사용할 수 있는 스크래치 앱(오프라인 에디터)이 준비되어 있습니다. 설치하면, 인터넷에 연결되어 있지 않아도 사용할 수 있습니다. 웹브라우저로 공식 사이트에 접속하여 사용하는 방법은 1-6(22페이지)에서 설명했습니다.

● 스크래치 앱 다운로드 순서

❶ 웹브라우저로 스크래치 공식 사이트 https://scratch.mit.edu/에 접속합니다.
❷ 화면 아래 쪽에 있는 '다운로드'를 클릭합니다.

❶ 사용하는 운영체제(OS)를 클릭합니다.
여기서는 'Windows'를 선택했습니다.

❷ '바로 다운로드'를 클릭하여, 파일을 저장합니다.
Windows를 사용하는 경우 '다운로드' 폴더에 저장됩니다.

스크래치 앱의 설치 순서

설치용 파일 'Scratch 3.23.1 Setup'을 더블클릭합니다.

• '3.23.1' 부분은 스크래치 업데이트에 따라서 숫자가 바뀝니다.
• 여기서는 '다운로드' 폴더에 저장한 파일을 더블클릭했습니다.

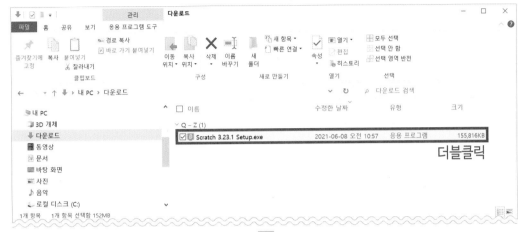

설치가 시작되고, '설치중' 화면이 표시됩니다.

설치가 끝나면, [마침] 버튼을 눌러 종료합니다. 바탕화면에 'Scratch 3' 아이콘이 만들어집니다.

스크래치 앱 실행하기

바탕화면에 있는 'Scratch 3' 아이콘을 더블클릭합니다.

더블클릭

스크래치 앱이 실행되고, 스크래치 앱 화면이 표시됩니다.

프로그래밍을 시작할 수 있습니다.

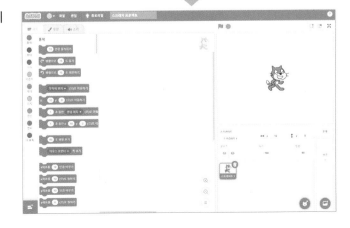

2 스크래치 가입하기와 로그인

스크래치는 공식 사이트에서 가입(스크래치 계정 만들기)할 수 있습니다. 스크래치 공식 사이트에 가입하고, 로그인하면 스크래치를 더욱 즐겁고 편리하게 사용할 수 있습니다.

● 스크래치에 가입하기

 ❶ 웹브라우저로 스크래치 공식 사이트 [https://scratch.mit.edu/]에 접속합니다.
❷ '스크래치 가입'을 클릭합니다.

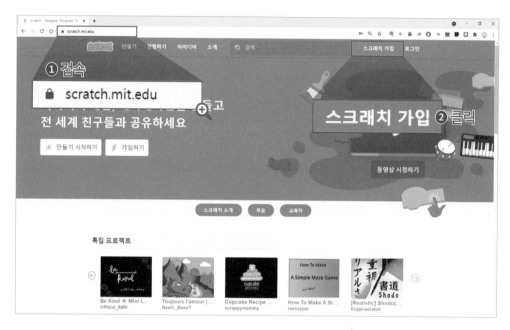

❶ 사용하고 싶은 '사용자 이름'과 '비밀번호'를 생각해서 입력합니다.
❷ [다음]을 클릭합니다.

비밀번호는 다른 사람에게 보이지 않도록 '*'로 표시됩니다.

❶ 어떤 국가에서 살고 있는지 입력한다.
❷ [다음]을 클릭합니다.

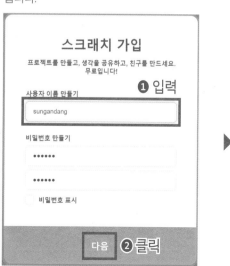

❶ 태어난 해를 입력합니다.
❷ [다음]을 클릭합니다.

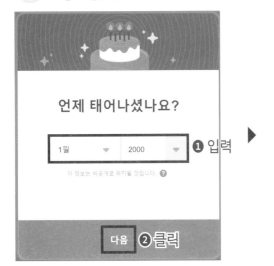

❶ 입력

 ❶ 성별이 무엇인지 선택합니다.
❷ [다음]을 클릭합니다.

❶ 입력

 ❶ 이메일 주소를 입력합니다.
❷ [계정 만들기]를 클릭합니다.

 ❶ 사용자 이름, 이메일 주소가 표시되므로 바르게 입력되었는지 확인합니다.
❷ [시작하기]를 클릭합니다.

'등록한 이메일 계정으로 확인용 메일이 전송됩니다. 메일을 확인해서 표시된 링크를 클릭해 확인합니다.

❶ 등록이 완료되면, 스크래치 공식 페이지가 표시됩니다.
❷ 등록한 사용자 이름이 표시됩니다.

● 로그인

❶ 웹브라우저로 스크래치 공식 사이트 [https://scratch.mit.edu/]에 접속합니다.
❷ '로그인'을 클릭합니다.
❸ '사용자 이름'과 '비밀번호'를 입력합니다.
❹ [로그인] 버튼을 클릭합니다.

❶ 로그인하면, 스크래치 공식 페이지가 표시됩니다.
❷ 사용자 이름을 클릭하면 로그인할 수 있습니다.

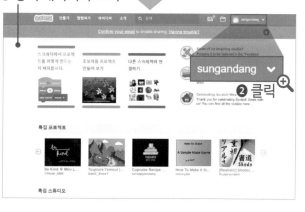

로그 아웃

사용자 이름 오른편의 ⌄ 기호를 클릭하고, 로그 아웃을 클릭하면 로그 아웃할 수 있습니다.

3 로그인으로 확장되는 스크래치의 세계

스크래치에 가입하고 로그인하면, 다음과 같은 일을 할 수 있습니다.

작품 업로드

자기가 만든 작품을 공개할 수 있습니다.

팔로우

다른 사용자를 팔로우하여, 그 사용자의 작품에 빠르게 접속할 수 있습니다.

스튜디오 만들기

자신이 주재하는 스튜디오(그룹)를 만들고, 참가자끼리 작품집을 만들 수 있습니다.

● 자신의 작품 공개

▶ 로그인한 후 '만들기'를 클릭합니다.

▶ '만들기' 화면이 표시됩니다.

❶ 블록을 나열하여, 코드를 작성합니다.

코드를 작성하는 방법은 이 책의 앞 부분을 참조하세요.

 ❶ 작품 제목을 입력합니다.
❷ [공유]를 클릭합니다.

• 제목 입력란에는 'Untitled'라고 표시되어 있습니다. 지우고 제목을 입력합니다.
• 181페이지의 인증이 완료되지 않은 경우는 [공유]가 표시되지 않습니다.

 작품이 공유(공개)되고, 작품명이 표시됩니다.

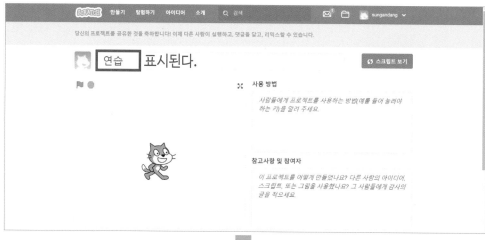

❶ 사용자 이름의 오른쪽 [▼]를 클릭합니다.
❷ '내 작업실'을 클릭합니다.

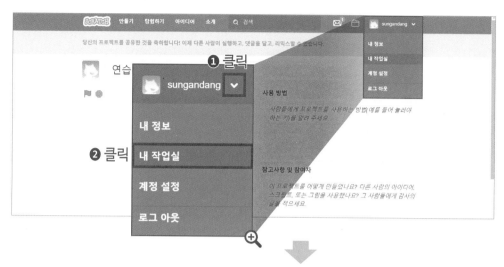

자신이 작업한 작품 목록이 표시됩니다.

작품 공개를 그만두고 싶거나 작품을 삭제하고 싶을 때

작품 공개를 그만두고 싶을 때는 '공유하지 않기'를 클릭합니다. 또한, 작품을 삭제하고 싶을 때는 '공유하지 않기'
를 클릭한 후에 '삭제'를 클릭합니다.

공개를 그만두고 싶을 때 · · · · · · · · · · · 삭제하고 싶을 때

찾아보기

부모와 자녀가 함께
그림으로 보는
스크래치 코딩

2022. 5. 2. 초 판 1쇄 인쇄
2022. 5. 10. 초 판 1쇄 발행

지은이 │ 마츠시타 코타로(Kotaro Matsushita), 야마모토 코우(Ko Yamamoto)
감역 │ 한선관
번역 │ 김성훈
펴낸이 │ 이종춘
펴낸곳 │ **BM** ㈜도서출판 **성안당**
주소 │ 04032 서울시 마포구 양화로 127 첨단빌딩 3층(출판기획 R&D 센터)
　　　10881 경기도 파주시 문발로 112 파주 출판 문화도시(제작 및 물류)
전화 │ 02) 3142-0036
　　　031) 950-6300
팩스 │ 031) 955-0510
등록 │ 1973. 2. 1. 제406-2005-000046호
출판사 홈페이지 │ **www.cyber.co.kr**
ISBN │ 978-89-315-5854-8 (93000)
정가 │ **19,000원**

이 책을 만든 사람들
책임 │ 최옥현
진행 · 편집 │ 조혜란
본문 · 표지 디자인 │ 임진영
홍보 │ 김계향, 이보람, 유미나, 서세원, 이준영
국제부 │ 이선민, 조혜란, 권수경
마케팅 │ 구본철, 차정욱, 오영일, 나진호, 이동후, 강호묵
마케팅 지원 │ 장상범, 박지연
제작 │ 김유석

■ 도서 A/S 안내

성안당에서 발행하는 모든 도서는 저자와 출판사, 그리고 독자가 함께 만들어 나갑니다.
좋은 책을 펴내기 위해 많은 노력을 기울이고 있습니다. 혹시라도 내용상의 오류나 오탈자 등이 발견되면 **"좋은 책은 나라의 보배"**로서 우리 모두가 함께 만들어 간다는 마음으로 연락주시기 바랍니다. 수정 보완하여 더 나은 책이 되도록 최선을 다하겠습니다.
성안당은 늘 독자 여러분들의 소중한 의견을 기다리고 있습니다. 좋은 의견을 보내주시는 분께는 성안당 쇼핑몰의 포인트(3,000포인트)를 적립해 드립니다.
잘못 만들어진 책이나 부록 등이 파손된 경우에는 교환해 드립니다.